Reihe ETIKETT

siehe "Quellen und Copyright-Hinweise" (Seite 268)

Gestaltung: Urs van der Leyn, Basel
Lithos: Majuskel Screen Partner, Frankfurt am Main
Gesamtherstellung: Druckerei C. Adelmann, Franfkurt am Main
Printed in Germany

ISBN 3 929232 66 9

Tee in der Weltliteratur

Herausgeberinnen und Verlag bedanken sich
sehr herzlich bei der Firma
Der Teeladen
Gebrüder Gschwendner GmbH
Meckenheim bei Bonn
für die freundliche Unterstützung
bei der Erarbeitung und Herstellung
des vorliegenden Buches

Die Blaue Stunde

Tee in der Weltliteratur

herausgegeben von
Beatrix Birken
Evangelia Karamountzou
Gwendalina Gschwendner

axel dielmann — verlag
Kommanditgesellschaft in Frankfurt am Main

Inhaltsverzeichnis

Die Herausgeberinnen

Vorwort

Es gibt einige gängige und bekannte Bilder von den großen Autoren der Weltliteratur wie auch von den verkannten dichterischen Genies in ihren Dachstübchen: Das fiebrige Arbeiten an einer Geschichte verbindet sich mit dem überfüllten Aschenbecher neben der Schreibmaschine und einer ewigqualmenden Zigarette, viele sehen ein nervöses Whiskyglas auf dem typischen Schreibtisch des Schriftstellers, vielleicht ein angebissenes Brötchen, das, im Moment der Inspiration vergessen, wie herrenlos herumliegt. – Ganz gleich, ob diese Clichés eine Grundlage haben oder bloß filmreife Erfindung sind: Die Getränke und Utensilien, mit denen Schriftsteller ihre Figuren ausstatten, sind meist ganz andere. Denn immer wieder lassen Autoren eine Tasse Tee zu jenem Ruhepol werden, den gleich der erste, auch kürzeste Beitrag unserer Sammlung meint: Wie bei Reiner Kunze ist das Teetrinken ein Symbol für ein beschauliches Weilchen, eine kräftigende Verschnaufpause, eine Besinnung neben dem Toben und Rasen der Welt – eine blaue Stunde.

Über diese Metapher gewordene Situation der anheimelnd besinnlichen Atmosphäre hinaus verblüfft es, in welcher Bandbreite Autoren das Teetrinken schildern. Seit der Tee sich aus den Schiffsrümpfen der frühen Handelsflotten heraus rund um die Welt Freunde und Genießer gewann, wird das Teetrinken in Erzählungen, ja auch in die Dichtung aufgenommen. Es gibt die vielfältigsten Rahmen für Begegnungen und Dialoge ab, es skizziert mit knappen Worten soziale Zugehörigkeiten, es läßt höchst nuancenreich Stimmungen ausmalen. Fast scheint es, als habe sich das anregende und durch Beschaulichkeit stärkende Getränk Tee seine eigene Bibliothek geschaffen.

Hemingway zwar – wir lesen es kaum verwundert – macht dem eingangs genannten Leinwandbild des Schriftstellers alle Ehre und trinkt eindeutig lieber Whisky als Tee. Dafür sind zahlreiche andere, die ihre scharfen Getränke wenigst mit Tee verdünnen: Die gesamte nördliche Kultur des Grog und Punch ist in der Literatur viel beschrieben worden. Die rauhe Insel Ohnsgrond aus dem gleichnamigen Roman von Thorsten Casmir, ebenso George Orwell mit seiner Reportage im Paris und London der 20er Jahre geben hiervon Zeugnis.

Aber auch die anderweitigen Ingredienzien des Tees, der Zucker, der Kandis, die ostfriesischen Kluntjes, die Zitrone, "Kaffee"-Sahne, Kondens- oder normale Milch haben ihren Platz in der Bibliothek des Tees. Ein ganzes "Barbuch" ließe sich füllen mit diesen

Zutaten. (Man schlage nur einmal das große Grimmsche Wörterbuch aus dem Jahre 1854 auf und vergnüge sich an den Stichworten, die hier unter ”Thee, m., früher auch n., im 17. Jahrh. aufgenommen aus nnl. thee“ aufgelistet werden: Thee, Theeabend, Theeart, Theeaufgusz, Theebaum, Theeblatt, Theeblume, Theebrett, Theebüchse, Theechen, Theegast, Theegeplätscher, Theegerät, Theegeschirr, Theegeschwätz, Theegesellschaft, Theegespräch, Theegift, Theehaus, Theekanne, Theekästchen, Theekessel, Theekopf, Theekraut, Theelöffel, Theemark, Theemaschine, Theemyrte, Theepöttchen – eine wahrhaft the-atralische Liste! Und imposant ist sie vor allem durch den reichen Anteil der Begriffe, der auf die geselligen Aspekte des Teetrinkens entfällt. Und an dieser Stelle muß unbedingt eingeräumt werden, daß der Tee geheime Mächte zu besitzen scheint, die ihn, über die bloße gesellschaftliche Zeremonie weit hinaus, nachgerade zum Kuppler prädestiniert: Beim Tee spinnen Fontanes Mutter und Tochter Möhring über Heiratspläne, der züchtig strenge dänische Philosoph Kierkegaard will einen Nachmittagstee als Tarnung eines Flirts nutzen, Anthony Burgess läßt einen Studenten über Teetassen hinweg mit einer sonst unerreichbaren Kommilitonin anbandeln…)

Zurück zu den Zutaten. Die Frage, was alles, vor allem: was alles *nicht* zum Tee gereicht und genossen werden soll, gibt einen Literatur-Streit ab, der in seinem Umfang längst nicht abzusehen ist. Fast scheint es, als würden Charlotte Brontë, Marcel Proust und

Oscar Wilde eine erbitterte Auseinandersetzung darum führen, ob es hartes Gebäck, Madeleines oder Butterbrötchen sind, die zum five o'clock-tea serviert werden müssen. Jane Austen stärkt ihre berühmten Figuren aus "Die Watsons", indem sie immer "wenn sie lange aufbleiben mußten, eine zusätzliche Tasse Tee und ein Extramuffin zu sich nahmen" – und wundervoll haben die Übersetzer der deutschen Ausgabe sogar eigens eine Fußnote über das teegerechte

Muffin angebracht: "Ein flaches, rundes Brötchen aus Weizen- oder Maismehl, das getoastet und heiß, gewöhnlich mit Butter und Orangenkonfitüre, gegessen wird." Marcel Proust ist empört!

Hier tobt ein Literatur-Streit, dem gegenüber die Frage, welche denn nun die berühmten letzten Worte des Meister Goethe gewesen sind, eine Bagatelle ist. – Apropos: Hätte man es für möglich gehalten, daß Johann Wolfgang von Goethe es genießt, daß man ihm im Hause Schiller Arrak zum Tee reicht?

Und die Gefäße des Tees? Endgültig scheiden sich die Geister! Jaroslav Seifert, der tschechische Literatur-Nobelpreisträger von 1984, verzückt sich an der Feinheit der "Teetassen / mit der Meißener Rose in der Mitte". Ebenso Djuna Barnes in dem »Stück in einem Akt: Zwei Damen trinken Tee«, von denen es zunächst noch sehr gesittet heißt "Zwei zierliche Tassen stehen auf einem Tablett in Reichweite". Aber schon auf der zweiten Seite des kleinen Dramas werden uns weit weniger friedfertige Absichten offenbart: "Es ist offensichtlich, daß die beiden sich zum Tee und zu einem Anschlag aufeinander getroffen haben.“

Ist das ”anregende Getränk mit 3 Buchstaben“, das in keinem Kreuzworträtsel fehlen darf, also unter der Hand zum Aufputschmittel für kleine und große Streitereien geraten? – Keineswegs.

Unvergeßlich, wie Judith in Alfred Anderschs Roman »Sansibar oder der letzte Grund« in der kleinen Hafen-Kneipe sich an ihrer Tasse Tee festhält, während sie fürchtet, von den Nazi-Schergen auf ihrer Flucht gefaßt zu werden. Da ist der Tee ein Zufluchtsort, ein Lebensspender! Auch wenn der leider ganz zu Unrecht fast vergessene Ernst Kreuder einen alten Mann – wie in einem Hobby – Menschen retten läßt. Täglich steht er bei einer Brücke und wartet: auf Selbstmordkandidaten, Lebensmüde, die sich hier hinunterstürzen. Die holt er durch liebenswerten Trost zurück ins Leben – und führt sie anschließend in seine ärmliche Nachkriegshütte, und dort zu einer Tasse heißen, kräftigenden Tees: ”Kaffee ist selten das Richtige, aber Tee mit dem Schuß Rum. Erprobt“!

Zweifelsohne sind Tee-Trinker immer ganz besonders liebenswerte Menschen. Dies zeigt schon das Schmankerl »Der Tee im Café Frantzmann« des wundervollen Erzählers Günther Ohnemus: ”Drei Minuten später kam die Bedienung und brachte mir die Tasse Kaffee, die jetzt warm und sicher in meinem Magen ist, obwohl sie eigentlich in einem anderen Magen sein sollte, wahrscheinlich im Magen des schon etwas älteren Herrn, der drei Tische weiter die *Münchner Abendzeitung* liest und garnicht merkt, daß er meinen Tee trinkt."

Große sympathische Tradition hat der öffentliche tea room, den man zunächst nur in England erwartet. Dort war und ist er meist ein Stübchen, ein Winkelchen fast nur im hintersten Teil von unscheinbaren Krämerlädchen. Keineswegs vergleichbar mit dem Café oder Kaffeehaus, Welten weit entfernt vom Bistro, bietet der ursprüngliche tea room gerade eben den Komfort des derben, überheißen Bollerofens in der Mitte eines dusteren Gelasses. Jenny Aloni gibt eine rechte Vorstellung hiervon in ihrer Erzählung »Ein phantastisches Haus«. Aber da zeigt sich die Wandelbarkeit, der Artenreichtum des Tees: schon in Belgien, auch in Teilen Frankreichs ist der auch dort "tea room" genannte Ort etwas gänzlich anderes. Grundsätzlich so winzig wie sein Londoner Vorbild, setzt man hier auf einfache Insignien der Behaglichkeit, und vor allem wird hier die Frage nach dem Begleiter des Tees auf köstlichste Weise beantwortet: Kaum sonst auf der Welt – die Wiege des Kaffeehauses, Wien, einmal ausgenommen – gibt es derart raffinierte Meisterstückchen der Konfiseurskunst… Aber auch das füllte wieder ein anderes Buch!

Seltsam, daß jenes so imposante russische Tee-Gerät, der Samowar, höchst wenig literarische Liebhaber gefunden zu haben scheint. Natürlich, bei Dostojewskij summt er – und wie wundervoll wärmt er dabei. – Und apropos Rußland: Haben wir alle Heimaten, alle Herkünfte des Tees eingefangen? Jeder, der in den 70er und 80er Jahren zur Schule ging (als aromatisierter Tee geradezu Modegetränk war), lernte die englische Sprache auch anhand der Geschichte der ”Boston Tea Party“: Die Gründung Amerikas verdankt sich also dem Tee… – und wie zu Zeiten der Hanse und der Kogge die Gewürze, so war auch der Tee eine Weltmacht. Noch vor den Vereinigten Staaten von Amerika trug sich China in unsere Landkarten mit Tee (und Seide) ein. Herder, in seinen »Briefe[n] zur Beförderung der Humanität«, hebt so an: ”Paraguayer-Tee und Wilde Völker/ Für unsre Kolonien aufzusuchen,/ Durchdringen wir jenseit des Empalado/ Die tiefsten Wälder.“ Die großen Weltumsegler versuchten mit der Darstellung berauschender Getränke ”aus allerlei Blätter“ das Interesse ihrer daheimgebliebenen Mäzene und Reeder zu schüren. Und welche Welten erst offenbarten sich, klappte man wieder die mächtigen Bücher des einheimischen ”hexischen Wissens“ mit all ihren Anwendungen des Tees auf? – Aber unser Buch ist weniger auf irgendeine Art von geographischer und historischer Vollständigkeit hin angelegt, sondern auf möglichst breit genießbaren Lesespaß.

Lesespaß: ”Tee, m., Chines. *tschhā*“, führt das Etymologische Wörterbuch von Friedrich Kluge aus dem Jahre 1883 über die Herkunft von ”Tee“ aus, ”lautet in südchines. Mundart *tē* und ist so zu den Malaien gelangt. Von da haben wir Wort und

Sache"… Japan, China, England, Rußland, Afrika – selbstverständlich tauchen sie auf in den Texten der Tee-Bibliothek. Aber auch Ceylon, Malaysien…? – Wir hätten abermals Hunderte, hätten Tausende von Seiten benötigt, würden aller Teesorten und -nationen durch einen Autor und einen Text repräsentiert werden.

Aber gleich, ob der geneigter Leser nur einen kurzen Blick in unsere Sammlung zu tun Zeit findet, oder ob er oder sie gerne noch mehr Seiten abgegrast haben würde: Der Tee wird jedem Zeitkontingent gerecht. Denn sogar seine eigenen Geschwindigkeiten – so stellen wir in permanenter Beschleunigung lebenden Menschen der Postmoderne fest – hat der Tee entfaltet. Während die Japanische Teezeremonie sich alle Zeit der Welt nehmen und lassen kann, hat die Erfindung des gediegenen silbernen Teesiebs die Zeremonie zur kleinen Zelebration der einzelnen Tasse Tee verkürzt. Wo die morgendliche Kanne Tee mit entspannt ausgedehnter Zeitungslektüre oder dem Nachmittagstee und mithin der klassischen Tee*stunde* eine Basis schuf, hat das Teebeutelchen den raschen Minuten-Genuß en passant etabliert. Jedem Geschwindigkeitsbedürfnis wird er gerecht und jeder Stufe der Ruhe hat sich der Tee anpassen können – und hat vielleicht auch deshalb so breiten Einzug in unsere Kulturen und in alle ihre Subkulturen gehalten.

Soll abschließend noch einmal, da unser Buch im "Goethe-Jahr" erscheint, der Groß-Meister der Literatur sprechen? An die von ihm glühend umworbene Charlotte von Stein – wir sagten's schon, der Tee ist ein Kuppler – dichtet er:

Und lad uns Freunde, wie wir sind,
Mit diesem allerliebsten Kind
In eine kleine Assemblée,
zu einem wohlfrisierten Tee.

Reiner Kunze

spricht für uns die angemessene »Einladung zu einer Tasse Jasmintee« aus, der auf den nächsten Seiten viele weitere Einladungen folgen sollen

Treten Sie ein, legen Sie Ihre
traurigkeit ab, hier
dürfen Sie schweigen

Hayashi Fumiko

Mit ihrer Erzählung »Tokio« führt uns die Japanerin in das Nachkriegs-Tokio von 1948. Man erlebt die Mühsal einer jungen Frau, die den schmackhaften Shizuoka-Tee von Haus zu Haus verkauft.

I

Es war ein bitterkalter, windiger Nachmittag. Ryo lief mit ihrem Rucksack die Straße hinunter und hielt sich auf der Seite, wo die blasse Sonne über die Dächer der Bürohäuser schien. Hin und wieder blickte sie neugierig um sich – auf ein Haus, einen geparkten Wagen, einen der unzähligen Bombenkrater, die über die Innenstadt von Tokio verstreut waren.

Hinter einem Bretterzaun sah Ryo einen großen Haufen rostiges Eisen neben einer Hütte mit einer Glastür. Darin brannte ein Feuer, und sie hörte das warme Geräusch von knisterndem Holz. Vor der Hütte stand ein Mann in Overall und rotem Kopftuch. Der große Bursche hatte etwas Sympathisches, und Ryo nahm allen Mut zusammen und rief:

"Tee zu verkaufen! Möchten Sie vielleicht etwas Tee?"

"Tee?" sagte der Mann.

"Ja", sagte Ryo mit befangenem Lächeln. "Es ist Shizuoka-Tee."

Sie schlüpfte durch ein Loch im Bretterzaun, löste die Riemen ihres Rucksacks und legte ihn neben die

Hütte. Im Innern sah sie ein Feuer in einem Eisenofen brennen; an einer Stange darüber hing ein Kupferkessel, aus dessen Tülle ein Dampfstrahl strömte.
"Entschuldigen Sie", sagte Ryo, "aber würde es Ihnen etwas ausmachen, wenn ich hereinkäme und mich ein paar Minuten an Ihrem Ofen aufwärme? Es ist eiskalt, und ich bin schon Kilometer gelaufen."
"Natürlich können sie hereinkommen", sagte der Mann. "Schließen Sie die Tür und wärmen Sie sich."

Er deutete auf den Schemel, der die einzige Möblierung bildete, und setzte sich auf eine Kiste an der Tür. Ryo zögerte einen Augenblick. Dann zerrte sie ihren Rucksack in die Hütte, kauerte sich an den Ofen und hielt ihre Hände ans Feuer.
"Sie würden es bequemer auf dem Schemel haben", sagte der Mann mit einem Blick auf ihr reizvolles, von der plötzlichen Wärme gerötetes Gesicht und die schäbige Kleidung.
"Bestimmt tun Sie das nicht immer – mit Tee von Tür zu Tür hausieren gehen?"
"Oh, doch, ich verdiene meinen Lebensunterhalt damit", erwiderte Ryo. "Man hat mir gesagt, dies sei eine gute Gegend, und doch laufe ich seit heute früh hier herum und habe nur ein Paket Tee verkaufen können. Ich bin im Begriff, nach Hause zu gehen, aber ich fand, ich könnte irgendwo unterwegs mein Frühstück essen."
"Nun, Sie können gern hierbleiben und hier essen", sagte der Mann. "Und seien Sie nicht traurig, daß Sie Ihren Tee nicht verkauft haben", fügte er lächelnd

hinzu. "Das ist reine Glückssache. Wahrscheinlich werden Sie morgen einen guten Tag haben."
Das Wasser im Kessel kam mit pfeifendem Ton zum Kochen. Während der Mann ihn von der Stange hakte, hatte Ryo Gelegenheit, sich umzusehen. Sie betrachtete die von Ruß geschwärzte Bretterdecke, die Wandtafel am Fenster, das Regal für Ahnentafeln, auf dem ein Topf mit einem Sakakibaum stand.
"Kommen Sie", sagte der Mann, "setzen Sie sich und essen Sie etwas."

Ryo nahm ihre Frühstücksdose aus dem Rucksack und setzte sich auf den Schemel.
"Sachen verkaufen ist wohl nie besonders angenehm, was?" bemerkte der Mann und wendete den Kabeljau auf dem Grill. "Sagen Sie, was kriegen Sie für hundert Gramm von dem Tee?"
"Ich sollte fünfunddreißig Yen haben, um überhaupt etwas zu verdienen. Aber die Leute, die mir das Zeug schicken, mischen oft schlechten Tee darunter, so daß ich froh sein muß wenn ich dreißig Yen bekomme."
Ryos Frühstücksdose enthielt zwei kleine, mit etwas gekochter Gerste bedeckte Fische und Bohnenpaste. Sie fing an zu essen.
"Wo wohnen Sie?" fragte der Mann.
"In Shitaya. Eigentlich kenne ich mich in Tokio noch gar nicht aus. Ich bin erst ein paar Wochen hier und bei einer Freundin untergebracht, bis ich etwas Besseres finde."

Der Kabeljau war fertig. Der Mann schnitt ihn in zwei Teile, gab Ryo die Hälfte und tat Kartoffeln und Reis aus einer Holzschüssel dazu. Ryo lächelte und verneigte sich dankend, nahm dann einen Beutel Tee aus ihrem Rucksack und leerte etwas davon in ein Papiertaschentuch.

"Tun Sie das in den Teekessel", sagte sie und hielt es ihm hin.

Er schüttelte lächelnd den Kopf und zeigte seine

weißen Zähne. "Niemals! Der ist viel zu teuer!"

Ryo hob den Deckel ab und schüttete den Tee hinein, ehe er sie daran hindern konnte. Der Mann nahm lachend eine Teetasse und einen Krug aus dem Regal.

"Was ist mit Ihrem Mann?" fragte er, während er das Geschirr auf der Kiste aufstellte. "Sie sind doch verheiratet, nicht war?"

"O, ja ich bin verheiratet. Mein Mann ist noch in Sibirien. Darum muß ich so arbeiten."

Ryos Gedanken eilten zu ihrem Mann, von dem sie seit sechs Jahren nichts gehört hatte. Mittlerweile schien er so ferngerückt, daß es eine Anstrengung kostete, sich an sein Aussehen oder den einst so vertrauten Klang seiner Stimme zu erinnern. Sie erwachte jeden Morgen mit einem Gefühl von Leere und Trostlosigkeit. Manchmal schien Ryo, ihr Mann sei in jenem subarktischen Sibirien zu einem Geist erstarrt, einem Geist oder einer schmalen weißen Säule, oder auch nur zu einem eisigen Lufthauch. Die Menschen sprachen nicht mehr vom Krieg, und

es machte sie fast verlegen zu sagen, ihr Mann sei noch in Gefangenschaft.
"Komisch", sagte der Mann. "Ich war nämlich auch in Sibirien. Ich habe drei Jahre lang Holz am Amur gehackt und es erst letztes Jahr fertigbekommen, nach Hause geschickt zu werden. Nun, das ist alles Glückssache. Es ist schlimm für Ihren Mann! Aber es ist genauso schlimm für Sie!"
"Man hat Sie also tatsächlich aus Sibirien nach Hause geschickt! Und es scheint Ihnen nicht allzu schlecht bekommen zu sein", sagte Ryo.
"Wer weiß", zuckte der Mann die Achseln. "Auf jeden Fall bin ich noch am Leben, wie Sie sehen."
Ryo musterte ihn genau, als sie ihre Eßdose schloß. Der Mann hatte eine Einfachheit und Direktheit, die ihr Lust machten, offen auf eine Art mit ihm zu sprechen, wie es ihr mit gebildeteren Leuten schwerfiel.
"Haben Sie Kinder?" fragte er.
"Ja, einen Jungen von sechs. Er sollte in die Schule gehen, aber ich hatte Schwierigkeiten, ihn hier in Tokio registrieren zu lassen. Die Registrierungsbeamten verstehen es wirklich ausgezeichnet, den Leuten das Leben schwer zu machen!"
Der Mann band sein Kopftuch ab, wischte Tasse und Krug damit ab und goß den dampfenden Tee ein.
"Der ist gut", sagte er, laut schlürfend.
"Schmeckt er Ihnen? Es ist nicht die beste Qualität, müssen Sie wissen: er kostet nur hundert Yen das Pfund en gros. Aber Sie haben recht, er ist ganz gut."
Der Wind war stärker geworden, während sie spra-

chen; er pfiff über das Blechdach der Hütte. Ryo blickte aus dem Fenster, um sich auf den langen Heimweg vorzubereiten.

"Ich nehme etwas von Ihrem Tee, anderthalb Pfund", erklärte der Mann und zog zwei zerknitterte Hundert-Yen-Scheine aus der Tasche seines Overalls.

"Seien Sie nicht komisch", sagte Ryo, "Sie können ihn umsonst haben."

"O, nein, das geht nicht. Geschäft ist Geschäft!" Er drückte ihr das Geld in die Hand. "Und wenn Sie wieder in dieser Gegend sind, kommen Sie herein, und wir plaudern ein wenig."

"Das will ich gern tun", sagte Ryo und sah sich in der kleinen Hütte um. "Sie wohnen aber nicht hier, oder?"

"O doch! Ich passe auf das Eisen da draußen auf und helfe beim Laden der Lastwagen. Ich bin den größten Teil des Tages hier."

Er öffnete eine Tür unter dem Regal, die in eine Art Koje mit einem sorgfältig gemachten Bett führte. Ryo bemerkte, daß eine bunte Postkarte mit dem Bild der Schauspielerin Yamada Isuzu an das Türinnere geheftet war.

"Oh, Sie haben sich nett eingerichtet", sagte sie lächelnd. "Sie haben es wirklich ganz gemütlich hier, was?"

Und sie fragte sich, wie alt er wohl sein mochte.

II

Von jenem Tag an kam Ryo regelmäßig ins Yotsugi-Viertel, um Tee zu verkaufen, und besuchte jedesmal die Hütte am Bombenkrater. Sie erfuhr, daß der Name des Mannes Tsuruishi Yoshio lautete. Fast immer hatte er irgendeine Leckerei für sie bereit: eine eingemachte Pflaume, ein Stück Rindfleisch, eine Sardine. Ihr Geschäft fing an besser zu gehen, und sie bekam ein paar regelmäßige Kunden in der Nachbarschaft.

Eine Woche nach ihrer ersten Begegnung brachte sie ihren Jungen, Ryukichi, mit. Tsuruishi plauderte eine Weile mit dem Kind und nahm es dann mit auf einen Spaziergang. Als sie zurückkamen, brachte Ryukichi einen großen Karamelkuchen mit.

"Er hat einen großen Appetit, Ihr Junge", sagte Tsuruishi und tätschelte ihm den kurzgeschorenen Kopf.

Ryo überlegte flüchtig, ob ihr neuer Freund wohl verheiratet sei, und machte sich auch sonst Gedanken über verschiedene Seiten seines Lebens. Sie war jetzt achtundzwanzig und ihr wurde plötzlich klar, daß sie sich zum erstenmal ernstlich für irgendeinen Mann außer ihrem eigenen interessierte. Tsuruishis ungezwungenes, sorgloses Wesen gefiel ihr irgendwie, jedoch gab sie sich die größte Mühe, es ihn nicht merken zu lassen.

Etwas später schlug Tsuruishi vor, Ryo und Ryukichi an seinem nächsten freien Tag Asakusa zu zeigen.[2]

Sie trafen sich vor dem Auskunftsschalter in der

Ueno-Station. Tsuruishi trug einen grauen Anzug, der viel zu eng war, Ryo ein blaues Kleid aus Kimonostoff und einen leichten braunen Mantel. Trotz ihrer billigen Kleider hatte sie etwas Jugendliches, Elegantes, wie sie da in der überfüllten Station stand. Neben dem großen, schweren Tsuruishi sah sie aus wie ein Schulmädchen in den Ferien. In ihrer Einkaufstasche trug sie das Mittagessen: Brot, Orangen und mit Reis gefüllten Tang.

”Hoffen wir, daß es nicht regnet“, sagte Tsuruishi und legte leicht den Arm um Ryos Taille, während er sie durch die Menge steuerte. Sie nahmen den Zug bis nach Asakusa und liefen dann vom Matsuya-Warenhaus bis zum Niten-Tor, an Hunderten von kleinen Buden vorbei. Das Asakusa-Viertel war ganz anders, als Ryo es sich vorgestellt hatte. Sie war erstaunt, als Tsuruishi auf einen kleinen rotlackierten Tempel wies und erklärte, hier sei die berühmte Göttin der Barmherzigkeit von Asakusa zu Hause. Aus der Ferne tönte aus irgendeinem Lautsprecher das Quäken einer Trompete und eines Saxophons, das sich seltsam mit dem Ton des durch die Zweige der alten Bäume pfeifenden Windes vermischte.

Sie bahnten sich einen Weg durch den Markt für alte Kleider und kamen an eine Reihe eng aneinandergedrängter Eßwarenbuden am Asakusa-Teich; es roch dort nach gebratenem Öl. Tsuruishi ging an einen der Stände und kaufte Ryukichi eine Stange Kandiszucker. Der Junge knabberte daran, während die drei eine schmale Straße hinunterspazierten, in der

Plakatwände im amerikanischen Stil Restaurants, Filme und Revuen anpriesen. Es war kaum zwei Wochen her, daß Ryo Tsuruishi zum erstenmal vor seiner Hütte gesehen hatte, aber sie fühlte sich bei ihm so zu Hause, als habe sie ihn ihr ganzes Leben lang gekannt.

"Nun hat es doch zu regnen angefangen", sagte er, die Hand austreckend. Ryo blickte auf und sah einzelne Tropfen vom Himmel fallen. 'Also ist unser schöner Ausflug verdorben', dachte sie.

"Am besten gehen wir dort hinein", sagte Tsuruishi, auf einen der Läden weisend, vor dem eine bunte Laterne mit einer 'Fröhliches Teehaus' verkündenden Inschrift hing. Sie setzten sich an einen Tisch. Die Zimmerdecke war mit künstlichen Kirschblüten dekoriert. Der Ort hatte eine seltsam ungemütliche Atmosphäre, aber sie waren entschlossen, das Beste daraus zu machen, und bestellten einen Krug Tee. Ryo verteilte ihren gefüllten Tang, Brot und Orangen. Es dauerte nicht lange, bis sie mit dem Essen fertig waren, und mittlerweile hatte es ernstlich zu regnen angefangen.

"Wir wollen warten, bis der Regen ein wenig nachgelassen hat", meinte Tsuruishi. "Dann bringe ich Sie nach Hause."

Ryo überlegte, ob er meinte zu ihr oder zu sich nach Hause. Sie wohnte in der engen Wohnung einer Freundin aus ihrer Heimatstadt und hatte nicht einmal ein eigenes Zimmer. Lieber als dorthin wäre sie in Tsuruishis Hütte gegangen, aber auch da war kaum genug Platz für drei Personen. Sie zog ihr Portemonnaie hervor und zählte unter dem Tisch ihr Geld. Die siebenhundert Yen sollten reichen, um für ein paar Stunden Obdach in einem Gasthof zu bekommen.

"Wissen Sie, was ich am liebsten machen würde?“ sagte sie. "Ich würde gern ins Kino gehen und dann in einen Gasthof und etwas essen, ehe wir uns verabschieden. Aber wahrscheinlich ist das alles ziemlich teuer!“

"Ja, wahrscheinlich“, sagte Tsuruishi lachend. "Kommen Sie! Wir machen es trotzdem.“

Er nahm seinen Mantel vom Haken und legte ihn Ryukichi über den Kopf, und sie rannten durch den Platzregen zu einem Kino. Natürlich gab es keine Sitzplätze. Während sie den Film im Stehen ansahen, schlief der kleine Junge, gegen Tsuruishi gelehnt, fest ein. Die Luft schien mit jedem Augenblick heißer und stickiger zu werden, man hörte den Regen auf das Dach trommeln.

Es wurde schon dunkel, als sie aus dem Kino kamen und durch den Regen rannten, der mit dem zischenden Geräusch von Bananenblättern in starkem Wind herunterrauschte. Schließlich fanden sie einen kleinen Gasthof, dessen Besitzer sie in ein teppichbelegtes Zimmer am Ende eines zugigen Ganges führte. Ryo zog ihre nassen Strümpfe aus. Der Junge setzte sich in eine Ecke und schlief sofort wieder ein.

"Hier, er kann das als Kissen nehmen“, sagte Tsuruishi und nahm ein altes Kissen von einem Stuhl, das

er Ryukichi unter den Kopf schob. Aus einer überfließenden Dachrinne über dem Fenster platschte das Wasser in ununterbrochenem Strom in den Hof. Es klang wie ein Wasserfall in einem fernen Bergdorf.
Tsuruishi zog ein Taschentuch heraus und rieb Ryos nasses Haar trocken. Ein Glücksgefühl durchfuhr sie, als sie zu ihm aufsah. Ihr war, als habe der Regen angefangen, all die Einsamkeit wegzuspülen, die sich Jahr für Jahr in ihr angesammelt hatte.
Sie ging nachsehen, ob sie etwas zu essen bekommen konnten, und traf im Koridor ein Mädchen in westlichen Kliedern mit einem Teetablett. Nachdem Ryo zwei Schalen Nudeln bestellt hatte, setzten sie und Tsuruishi sich zum Teetrinken an einem leeren Kohlenbecken einander gegenüber. Später kam Tsuruishi und setzte sich neben sie auf den Boden.
Mit dem Rücken gegen die Wand gelehnt, blickten sie hinaus auf den dunkler werdenden regnerischen Himmel.
"Wie alt sind sie, Ryo?“ fragte Tsuruishi. "Ich würde sagen, fünfundzwanzig.“
Ryo lachte. "Leider nicht, Tsuru, ich bin schon eine alte Frau! Ich bin achtundzwanzig.“
"Ein Jahr älter als ich.“
"Du lieber Himmel, sind Sie jung!“ sagte Ryo.
"Ich dachte, Sie seien mindestens dreißig.“
Sie sah ihm gerade ins Gesicht, in seine dunklen, sanften Augen mit den buschigen Brauen. Er schien leicht zu erröten. Dann beugte er sich vor und zog seine nassen Socken aus.

Es regnete weiter, ohne nachzulassen. Nach kurzer Zeit kam das Mädchen mit ein paar kalten Nudeln und Suppe. Ryo weckte den Jungen und gab ihm einen Teller Suppe, er schlürfte sie noch halb im Schlaf.

"Hören Sie, Ryo", sagte Tsuruishi, "wir könnten ebensogut alle die Nacht hier im Gasthaus verbringen. Sie können doch in diesem Regen nicht nach Hause gehen?"

"Nein", sagte Ryo. "Nein, ich glaube nicht."

Tsuruishi verließ das Zimmer und kam mit einer Ladung Bettrollen wieder, die er auf dem Boden ausbreitete. Das ganze Zimmer schien von Bettzeug ausgefüllt. Ryo wickelte ihren Sohn in eine der Decken, und der Junge schlief dabei weiter. Dann löschte sie das Licht, zog sich aus und legte sich hin. Sie hörte, wie Tsuruishi sich am anderen Ende des Zimmers niederließ.

"Ich glaube, die Leute im Gasthof denken, wir sind verheiratet", sagte Tsuruishi nach einer Weile.

"Ja, wahrscheinlich. Es ist nicht nett von uns, sie zum Narren zu halten."

Sie sagte das im Scherz, aber jetzt, da sie ausgezogen in ihrer Bettrolle lag, empfand sie zum ersten Mal ein unbestimmtes Schuldgefühl. Ihr Mann schien aus irgendeinem Grund sehr viel näher als seit Jahren. Aber sie war natürlich nur wegen des Regens hier, erinnerte sie sich. Und allmählich schweiften ihre Gedanken angenehm in die Ferne, und sie schlummerte ein.

Als sie aufwachte, war es noch dunkel. Sie hörte Tsuruishi ihren Namen aus seiner Ecke flüstern und setzte sich mit einem Ruck auf.
"Ryo, Ryo, darf ich zu Ihnen kommen und ein bißchen mit Ihnen sprechen?"
"Nein, Tsuru", sagte sie. "Ich glaube, Sie sollten das lieber nicht tun."
Der Regen trommelte noch immer aufs Dach, aber der Sturm hatte nachgelassen; es tropfte nur noch spärlich aus der Dachrinne in den Hof. Ihr schien, als höre sie Tsuruishi durch das Rauschen des Regens leise seufzen.
"Hören Sie, Tsuru", sagte sie nach einer Pause, "ich habe Sie noch nie gefragt, aber sind Sie verheiratet?"
"Nein, jetzt nicht", sagte Tsuruishi.
"Waren Sie verheiratet?"
"Ja, früher. Als ich aus dem Militärdienst kam, lebte meine Frau mit einem anderen Mann."
"Waren Sie – böse?"
"Böse? Ja, wahrscheinlich. Aber ich konnte nicht viel machen. Sie hatte mich verlassen, und das war alles."
Sie verstummten wieder.
"Wovon wollen wir sprechen?" fragte Ryo.
Tsuruishi lachte. "Nun, es gibt offenbar kein spezielles Thema. Diese Nudeln waren nicht besonders, was?"
"Nein, das kann man wirklich nicht sagen. Und sie haben hundert Yen pro Person berechnet."
"Es wäre schön, wenn Sie und Ryukichi ein eigenes Zimmer zum Wohnen hätten, nicht wahr?" bemerkte Tsuruishi.

”Oh ja, das wäre wundervoll! Glauben Sie, wir könnten ein Zimmer in Ihrer Nähe finden? Ich würde gern in Ihrer Nähe wohnen, Tsuru, wissen Sie.“

”Es ist heutzutage schwer, ein Zimmer zu finden, ganz besonders im Geschäftsviertel. Aber ich werde mich umsehen und Ihnen Bescheid sagen… Sie sind ein wundervoller Mensch, Ryo!“

”Ich?“ fragte Ryo lachend. ”Seien Sie nicht komisch!“

”Doch, doch, Sie sind wundervoll… wirklich wundervoll.“

Ryo legte sich zurück auf die Erde. Plötzlich hatte sie Lust, Tsuruishi in die Arme zu nehmen und seinen Körper gegen den ihren zu fühlen. Sie wagte nicht zu sprechen, aus Angst, ihre Stimme könnte sie verraten; das Atmen tat ihr fast weh, und ihr ganzer Körper brannte. Vor dem Fenster ratterte ein morgendlicher Lastwagen vorüber.

”Wo sind Ihre Eltern, Tsuru?“ fragte sie nach einer Weile.

”Auf dem Land bei Fukuoka.“

”Aber Sie haben eine Schwester in Tokio?“

”Ja. Sie ist ganz allein, wie Sie, und muß für zwei kleine Kinder sorgen. Sie hat eine Nähmaschine und näht Kleider. Ihr Mann wurde vor ein paar Jahren getötet – im Krieg in China.“

Durchs Fenster fiel der erste Schein der Morgendämmerung. ”Also ist unsere gemeinsame Nacht vorüber“, dachte Ryo unglücklich. In gewisser Weise wünschte sie, Tsuruishi hätte nicht so leicht aufgegeben, und doch war sie überzeugt, es sei am besten so. Wenn er ein Mann gewesen wäre, den sie kaum kannte oder für den sie nichts empfand, hätte sie sich vielleicht ohne Hintergedanken hingegeben. Aber mit Tsuruishi war es anders – ganz anders.

"Ryo, ich kann nicht einschlafen", ertönte seine Stimme wieder. "Ich bin hellwach. Wahrscheinlich, weil ich so etwas nicht gewohnt bin."

"Was?"

"Nun – mit einem Mädchen im gleichen Zimmer zu schlafen."

"Aber Tsuru, damit wollen Sie doch nicht sagen, daß Sie nicht ab und zu Freundinnen haben!"

"Nur professionelle Freundinnen."

Ryo lachte. "Männer haben es leicht! In mancher Beziehung zumindest..."

Sie hörte, wie Tsuruishi sich bewegte. Plötzlich war er neben ihr und über sie gebeugt. Ryo rührte sich nicht, nicht einmal, als sie seine Arme um sich fühlte und sein Gesicht an dem ihren. Ihre dunklen Augen waren weit geöffnet, und helle Lichter schienen vor ihnen aufzuleuchten. Seine heißen Lippen lagen an ihrer Wange.

"Ryo... Ryo."

"Es ist unrecht, weißt du", murmelte sie. "Unrecht meinem Mann gegenüber..."

Aber fast sofort bereute sie ihre Worte. Als Tsuruishi sich über sie beugte, zeichnete sein Gesicht sich vor dem heller werdenden Himmel ab. So vorgebeugt, schien er irgendeinem Gott zu huldigen. Ryo zögerte einen Augenblick. Dann schlang sie ihre warmen Arme um seinen Hals.

III

Zwei Tage später machte Ryo sich mit ihrem Jungen glücklich auf den Weg, um Tsuruishi zu besuchen. An dem Bombenkrater angekommen, war sie erstaunt, ihn nicht, mit dem roten Tuch um den Kopf, vor seiner Hütte zu finden. Ryukichi rannte voraus, um festzustellen, ob er zu Hause sei, und kam gleich darauf zurück.

"Es sind Fremde da, Mami."

Ryo eilte, von Angst ergriffen, zu der Hütte und sah hinein. Zwei Arbeiter waren damit beschäftigt, Tsuruishis Sachen in einer Ecke aufzuschichten.

"Was wollen Sie, Madame?" fragte einer von ihnen und wandte den Kopf nach ihr.

"Ich suche Tsuruishi."

"Oh, wußten Sie es nicht? Tsuruishi ist gestern gestorben."

"Gestorben", sagte sie. Sie wollte noch etwas sagen, konnte aber keinen Laut hervorbringen.

Sie hatte bemerkt, daß eine kleine Kerze auf dem Regal für die Ahnentafeln brannte, und verstand nun ihre traurige Bedeutung.

"Jawohl", fuhr der Mann fort, "er wurde gestern abend gegen acht getötet. Er fuhr mit einem seiner Kameraden in einem Lastwagen, um Eisenstangen in Omiya abzuliefern, und auf dem Rückweg kippte der

Wagen auf einer schmalen Brücke um. Er und der Fahrer wurden beide getötet. Seine Schwester ist heute mit einem der Beamten der Gesellschaft nach Omiya gefahren, sich um die Einäscherung zu kümmern."

Ryo starrte abwesend vor sich hin. Abwesend sah sie zu, wie die beiden Männer Tsuruishis Habseligkeiten aufstapelten. Neben der Kerze auf dem Regal lagen die beiden Beutel Tee, die er ihr an jenem ersten Tag – war es wirklich nur zwei Wochen her? – abgekauft hatte. Der eine war in der Mitte gefaltet, der andere noch geschlossen.

"Sie waren eine Freundin von ihm, Madame? Er war ein feiner Kerl, Tsuru! Der Fahrer fühlte sich nicht wohl, und Tsuru sagte, er werde mit nach Omiya fahren, um ihm beim Abladen zu helfen. Blödsinnig, was – nachdem man einen Krieg, Sibirien und alles übrige überstanden hat, so getötet zu werden!"

Einer der Männer nahm die Postkarte mit dem Bild von Yamada Isuzu ab und blies den Staub herunter. Ryo blickte auf Tsuruishis am Boden aufgeschichtete Habseligkeiten – den Teekessel, die Bratpfanne, die Gummischuhe. Als ihre Augen über die Tafel schweiften, bemerkte sie zum ersten Mal eine ungeschickt mit roter Kreide gekritzelte Botschaft: "Ryo – ich habe bis zwei Uhr auf dich gewartet. Bin heute abend zurück."

Sie verbeugte sie automatisch vor den beiden Männern und schwang den Rucksack auf den Rücken. Sie war erstarrt, als sie, Ryukichi an der Hand, die Hütte

verließ, aber als sie an dem Bombenkrater vorüberkamen, schossen ihr brennende Tränen in die Augen.
"Ist dieser Mann gestorben, Mami?“
"Ja, er ist gestorben“, sagte Ryo.
"Warum ist er gestorben?“
"Er ist in einen Fluß gefallen.“
Jetzt liefen ihr die Tränen über die Wangen und strömten, ohne daß sie sie zurückhalten konnte, während sie durch die Straßen der Innenstadt eilte. Sie kam an eine gewölbte Brücke über den Sumida-Fluß, überquerte sie und ging nördlich das Ufer entlang in Richtung Shirahige.
"Mach dir keine Sorgen, wenn du schwanger wirst“, hatte Tsuruishi ihr an jenem Morgen in Asakusa gesagt. "Ich werde für dich sorgen, was immer auch geschieht, Ryo!“ Und später, kurz bevor sie auseinandergingen, hatte er gesagt: "Ich habe nicht viel Geld, aber du mußt mir erlauben, dir ein bißchen zu helfen. Ich kann dir zweitausend Yen monatlich von meinem Gehalt geben.“ Er war mit Ryukichi in ein Geschäft gegangen, das auf ausländische Waren spezialisiert war, und hatte ihm eine Baseballmütze mit seinem Namenszug gekauft. Dann waren sie alle drei den riesigen, vom Regen hinterlassenen Pfützen ausweichend, vergnügt die Tramschienen entlangspaziert. Als sie an eine Milchbar kamen, hatte Tsuruishi sie hineingeführt und für jeden ein großes Glas Milch bestellt…
Ein eisiger Wind schien von dem dunklen Fluß her zu wehen. Eine Schar Wasservögel stand auf dem

gegenüberliegenden Ufer und sah verfroren und verlassen aus. Flöße glitten langsam den Fluß hinauf und herunter.
"Mami, ich möchte ein Skizzenbuch haben. Du hast versprochen, ich bekomme ein Skizzenbuch."
"Später", antwortete Ryo. "Ich kaufe dir später eines."
"Aber Mami, wir sind eben an einem Laden mit Hunderten von Skizzenbüchern vorbeigekommen. Ich habe Hunger, Mami! Können wir nicht etwas essen?"
"Später, etwas später."
Sie kamen an einer langen Reihe barackenähnlicher Gebäude vorbei. "Wahrscheinlich sind es Privathäuser", dachte sie. Die Leute, die dort wohnten, hatten bestimmt jeder ein eigenes Zimmer. Aus einem der Fenster hing eine Bettrolle zum Lüften heraus, und innen räumte eine Frau das Zimmer auf.
"Tee zu verkaufen!" rief Ryo leise. "Erste Qualität Shizuoka-Tee!"
Keine Antwort kam, und Ryo wiederholte ihren Ruf ein wenig lauter.
"Ich brauche keinen Tee", sagte die Frau. Sie zog die Bettrolle herein und schloß geräuschvoll das Fenster.
Ryo ging von Haus zu Haus und rief ihre Ware aus, aber niemand wollte Tee haben. Ryukichi folgte ihr und murmelte, er sei müde und hungrig. Ryos Rucksack schnitt sie schmerzhaft in die Schultern, und ab und zu mußte sie stehenbleiben, um die Riemen zu richten. Und doch war sie in gewisser Weise fast froh über den körperlichen Schmerz.

IV

Am nächsten Tag ging sie allein in die Stadt und ließ Ryukichi zu Hause. Als sie an den Bombenkrater kam, sah sie, daß Feuer in der Hütte brannte. Sie lief an die Tür und trat ein. An Tsuruishis Ofen saß ein alter Mann in einem kurzen Arbeitermantel und warf Holz ins Feuer. Das Zimmer war voller Rauch, der zum Fenster hinauswogte.

"Was wünschen Sie?" fragte der alte Mann und wandte sich um.

"Ich möchte Shiozuoka-Tee verkaufen."

"Shiozuoka-Tee? Ich habe reichlich guten Tee vorrätig."

Ryo machte stumm kehrt und ging davon. Sie hatte daran gedacht, die Adresse von Tsuruishis Schwester aufzusuchen und eine Stange Weihrauch zum Andenken an ihn abzubrennen, aber plötzlich schien all das völlig sinnlos. Sie ging zurück an den Fluß, der die Spätnachmittagssonne zurückwarf, und setzte sich neben einen Haufen zerbrochener Betonziegel. Die Leiche eines Kätzchens lag ein paar Meter weiter weg auf dem Rücken. Als sie an Tsuruishi dachte, überlegte sie flüchtig, ob es besser gewesen wäre, ihm nie begegnet zu sein. Nein, nein, gewiß nicht! Niemals würde sie bedauern, ihn gekannt zu haben, noch irgend etwas, das zwischen ihnen geschehen war. Und sie bedauerte auch nicht, nach Tokio gekommen zu sein. Als sie vor ungefähr einem Monat angekommen war, hatte sie vorgehabt, aufs Land zurückzukehren, wenn ihr Geschäft keinen Erfolg

hätte, aber jetzt wußte sie, daß sie hier in Tokio bleiben würde; jawohl, wahrscheinlich ebenhier in der City, wo Tsuruishi gewohnt hatte.
Sie stand auf, schwang den Rucksack auf den Rücken und ging weg vom Fluß. Als sie eine Seitenstraße hinunterkam, fiel ihr eine Hütte auf, die aus alten, irgendwie zusammengenagelten Brettern gemacht zu sein schien. Sie ging an die Tür und rief: "Tee zu verkaufen! Braucht jemand Tee?“ Die Tür ging auf, und im Eingang erschien eine noch weit ärmlicher als Ryo gekleidete Frau.

"Was kostete er?“ fragte die Frau. Und fügte dann, den Rucksack bemerkend, hinzu: "Treten Sie ein und ruhen Sie sich ein wenig aus, wenn Sie wollen! Ich werde nachsehen, wieviel Geld uns noch bleibt. Vielleicht reicht es zu etwas Tee.“
Ryo trat ein und nahm ihren Rucksack ab. In dem kleinen Zimmer saßen vier Näherinnen am Boden um einen Ölofen und arbeiteten an einem Haufen Hemden und Socken. Es waren Frauen wie sie, dachte Ryo, als sie beobachtete, wie ihre Nadeln geschäftig durch den Stoff fuhren. Und ein Gefühl von Wärme kam über sie.

Katharina Kaever

Aus einzelnen Zeilen, entnommen aus Gedichten von Günter Herburger, Michael Krüger, Jürgen Theobaldy, Rolf Dieter Brinkmann hat die Dichterin ihr neues Gedicht »Teestunde« gemixt – das Mischen von Teesorten gelingt meist nicht so gut...

44 Ich brösle Toast, überschlage Kalorien,
spüle mit Tee nach, schmecke wie üblich genau.
Ein müder Exzentriker, der sich an die Teetasse klammert;
so blicke ich auf den Teebeutel,
vertrocknet im Aschenbecher.
Ich entdecke, daß der Tee kalt geworden ist.
Zwei Bände Rock'n'Roll auf der Fensterbank,
eine Tasse kalten Tee.
Mein Tee ist kalt geworden, bitter,
so viel Tee, um über den Morgen zu kommen
in diesem Winter.
Ich kippe den Tee aus.

Hella S. Haasse

»Die Teebarone« führen über ihre Plantage und erklären den Werdegang erlesener Teesorten

Nach den Stallungen besichtigten sie die Fabrik. In einer aus Pfosten und Bambuswänden errichteten Halle standen lange Reihen von runden, flachen Schüsseln aus Flechtwerk.

”Das sind Tampirs“, erklärte Adriaan. ”Wenn die Pflückerinnen aus den Gärten kommen und ihre Ernte gewogen haben, schütten sie das nasse Blattgut in diese Körbe.“

”Aber es regnet doch nicht!“ sagte Rudolf. Adriaan lachte auf.

”Nasses Blattgut heißt: die frisch gepflückten Blätter vor der Bearbeitung. Mindestens die Hälfte der Feuchtigkeit muß raus, wir nennen das Welken, und das geschieht auf diesen Tampirs. Nach einigen Stunden, die genaue Zeit hängt vom Wetter ab, meistens dauert es eine Nacht, erfolgt das Rollen der Blätter. Das wird mit den Händen gemacht, manchmal auch mit den Füßen, aber das sehe ich nicht gern. Komm mit, dann kannst du sehen, wie sie das welke Blattgut von gestern verarbeiten.“

Sie gingen in die nächste Halle. Volle Tampirs

bedeckten die ganze Bodenfläche. Männer und Frauen hockten zwischen den flachen Körben, nahmen jeweils ein paar Blätter heraus und rollten sie unter der Handfläche auf einem Brett. Rudolf sog genüßlich den herben Geruch des austretenden Saftes ein. Die gerollten Blätter bildeten eine grünbraune, klebrige Masse.

"Wie lange dauert es, bis der Tee fertig ist?"

"Drei bis vier Tage, es ist immer eine Frage des Wetters und der Temperatur. Den gerollten Tee lassen wir in Pfannen über Holzkohlefeuer fermentieren, 'braten' nennen wir das, und dann trocknen. Ich mache Souchong, eine gröbere Sortierung, die sich leicht pflücken läßt."

Er ging Rudolf voran zu einer dritten Halle. "Hier wird der Tee verpackt. Und dahinter ist die Schreinerei, in der die Kisten hergestellt werden. Wie du siehst, habe ich allein schon in der Fabrik an die hundert Arbeiter. Neuerdings gibt es Maschinen für das Rollen. Mein Assistent ist sehr dafür, daß ich mir so ein Gerät anschaffe. Es spart natürlich Zeit und bedeutet auch, daß ich weniger Leute brauche."

"Es wäre also vorteilhaft?"

"Ja. Aber unser Anliegen ist ja gerade, dem Volk Arbeit zu verschaffen. Ich weiß noch nicht, was ich tun werde, ich will zuerst mit Karel darüber reden."

Die Teefabrik auf Sinagaar[3] bestand wie die auf Parakan Salak[4] aus einer Reihe offener Hallen. Zwischen den Pfosten, die das Dach stützten, war ein Gitter-

werk aus Bambus angebracht, nicht nur, wie Eduard erklärte, um Licht und Luft hereinzulassen, sondern auch, um die Arbeiter gegen die tollwütigen Hunde zu schützen, eine wahre Plage in dieser Gegend.
Rudolf folgte Eduard auf seinem Rundgang. Die Arbeiter grüßten ihren Djuragan und schauten den fremden Besucher neugierig an. Obwohl Rudolfs Knochen und Muskeln nach dem langen Ritt schmerzten, bemühte er sich um eine würdige Haltung. In den verschiedenen Abteilungen sprach Eduard mit den chinesischen Aufsehern, die bei der Arbeit ihre Zöpfe am Hinterkopf aufgerollt trugen. Er erklärte Rudolf die unterschiedlichen Arten der Teeherstellung.
"Ich gehe nach einer anderen Methode vor als Adriaan. Er tut alles, war Karel ihm sagt. Ich habe Karel gern und bewundere ihn sehr. Er ist ein guter Mensch, ein Gelehrter. Er kann die klassischen sudanesischen Texte in altjavanischen Schriftzeichen lesen wie du und ich einen Roman von Walter Scott. Dennoch gestatte ich mir, an seinen Fähigkeiten als Teepflanzer zu zweifeln. Er versucht, Albert und mir Vorschriften zu machen, wobei Albert ihm meistens gehorcht. Ich gehe lieber meine eigenen Wege. Ich bin ein Kerkhoven und kein Holle!"
"Die Teesträucher hier bei ihnen sind nicht so hoch und haben eine gleichmäßigere Form als die auf Parakan Salak, sofern ich das heute morgen beim Vorbeireiten richtig beobachtet habe. Oder scheint das nur so?"

"Das ist eine Frage des Schnittes. Unsere China-Teesträucher können bis zu drei Meter hoch werden, aber dann gibt es große Probleme beim Pflücken. Natürlich lasse ich ein paar ungehindert wachsen und blühen, um Samen für neue Pflanzungen zu gewinnen. Die Sträucher, die zum Pflücken der Blätter bestimmt sind, lasse ich regelmäßig zurückschneiden, damit die Pflückerinnen leicht an die Triebspitzen herankommen. Sieh mal!" Eduard beugte

sich über einen Korb und nahm einen kleinen Zweig heraus. "Wir nehmen nie mehr als die drei oder vier obersten Blätter eines jungen Triebes. Nach einer Woche bis zehn Tagen sind die neuen Blätter nachgewachsen. Die Kunst besteht darin, den richtigen Zeitpunkt zu wählen, damit man bezüglich Menge und Qualität optimale Erträge erhält. Ich habe mein Land in so viele Gärten aufgeteilt, wie es Tage zwischen zwei Plückterminen gibt, und jeder Teegarten ist nur so groß, daß er in einem Tag abgeerntet werden kann. Verstehst du? Auf diese Weise bekomme ich ganz gleichmäßige Pflückrunden, wie wir das nennen. Adriaan läßt seine Leute nach eigenem Gutdünken schneiden und pflücken. Meist ist das Blattgut dann zu alt und von grober Qualität. Sein Souchong gefällt mir weder vom Aussehen noch vom Geschmack her. Eigentlich ist es Congo*, die billigste Sorte. Ich produziere lieber Pekoe Souchong* aus jüngeren, zarteren Blättern. Dafür wird bei mir auch öfter gepflückt."

Während Eduards Vortrag waren sie langsam zum

Haus zurückgeschlendert und saßen nun wieder auf der Veranda. Eduard zündete sich eine Zigarre an, nachdem er auch Rudolf eine angeboten hatte.
"Ich bin fest davon überzeugt, daß man die Teekultur nicht rein idealistisch, aber auch nicht rein kommerziell betreiben kann; man muß wissenschaftlich vorgehen, wenn etwas rechtes dabei herauskommen soll. Meiner Ansicht nach ist der chinesische Tee, den wir hier in Ostindien anbauen, nicht die geeignete Sorte für den hiesigen Boden. Auf Ceylon scheint es bessere Sträucher zu geben. Wir sollten versuchen, Samen davon zu bekommen. Albert ist auch dafür. Wenn er endlich verheiratet ist, will er sich darum kümmern."

In den Fabriken ging es, wie Rudolf feststellte, weniger ordentlich zu als auf Parakan Salak oder Sinagar. Viele Sortiererinnen trugen einen Säugling im Slendang, zwischen den Regalen und Behältern voller Blätter in den verschiedenen Stadien der Bearbeitung tummelten sich kleine Kinder. Micola hatte manches auszusetzen an den Zimmerleuten und an den Budjangs, die Gräben aushoben und die Erde umgruben; fast täglich wurde Rudolf Zeuge der Auseinandersetzungen zwischen seinem Vater und dem Assistenten über die Behandlung der Arbeiter.
"Sie sind zu freundlich, Mijnheer. Ramah-tamah! Das nutzen die Leute nur aus."
Doch Rudolfs Vater war der Meinung, die Leute müßten sich ebenso wie er selbst an eine andere Art der Arbeit, nämlich die Zusammenarbeit gewöhnen,

die bislang in den Kolonien nicht gebräuchlich war. Ohne Umschweife gab er zu erkennen, daß er sich aufrichtig bemühte, ein Gutsherr neuen Stils zu werden wie Karel Holle, war sich dabei aber bewußt, daß es ihm an Kenntnissen und Erfahrung mangelte. Da er der Landessprache nicht mächtig war – würde er sie jemals lernen? – machte er in Begleitung seines Dolmetschers Djengot, der auf Waspada gedient hatte, weitaus mehr Rundgänge in den Gärten und in der Fabrik als nötig und sah aufmerksam den Leuten bei der Arbeit zu; mit Wohlwollen und Freundlichkeit hoffte er, ihr Vertrauen zu gewinnen, da er wie Karel Holle vom unschätzbaren Wert der 'warmen Gegenwärtigkeit' überzeugt war. Deshalb bestand er auch auf der täglichen Zeremonie des Teekostens, die mehr bedeutete als das Prüfen und Gutheißen des fertigen Produktes oder der Probemischung verschiedener Pflückrunden. Auf einem Tisch vor der hinteren Veranda standen kleine Kannen aus glasiertem Ton, die jeweils einen Löffel fertigen Tee enthielten und nacheinander mit kochendem Wasser aufgegossen wurden. Wenn der Tee gezogen hatte, nahmen zuerst Rudolfs Vater, dann der Reihe nach seine Frau, Micola und sei kurzem auch Rudolf wie vorgeschrieben einen Schluck (es war eher ein leichtes Schlürfen) und prüften den Duft. Beim Teekosten waren immer die Mandure[5] sowie einige Pflückerinnen und Sortiererinnen anwesend. Der Ernst, mit dem sich sein Vater dieser Aufgabe unterzog, erstaunte Rudolf anfangs; doch allmählich sah er ein, daß die tägliche Wiederholung der Zeremonie zur selben Stunde mit immer derselben, gleichsam feierlichen Gemütlichkeit durchaus sinnvoll war. Sie schuf eine Atmosphäre des Einvernehmens und rundete das Tagwerk ab.

W. Somerset Maugham

Schwarzer Tee macht uns wach und scharfen Sinnes. In einem fernöstlichen Freudenhaus hingegen setzt heller Tee die zarten Kräfte des Erotischen frei – wie in einer »Fata Morgana«

Nach dem Dinner fragte ihn Kapitän Bredon, ob er Lust habe, mit ihm in die Stadt zu gehen.

"Sie müssen ein bißchen Leben sehen, solange Sie hier sind", sagte er.

Sie stiegen in Rikschas ein und ließen sich in das Chinesenviertel bringen. Der Kapitän, der auf See niemals trank, hatte sich den Tag über dafür schadlos gehalten. Er war in gehobener Stimmung. Die Rikschas blieben vor einem Hause in einer Seitengasse stehen, und der Kapitän klopfte an die Tür. Sie wurde geöffnet, und er und Neil gelangten durch einen engen Gang in einen großen Raum mit rotgepolsterten Plüschbänken. Eine Anzahl von Frauen saß herum – Französinnen, Italienerinnen, Amerikanerinnen. Ein mechanisches Klavier hämmerte eine abgedroschene Melodie, und einige Paare tanzten. Kapitän Bredon bestellte Getränke. Zwei, drei von den Frauen warfen ihnen aufmunternde Blicke zu.

"Nun, mein Junge, gefällt Ihnen eine davon?" fragte der Kapitän scherzend.

"Zum Schlafen meinen Sie? Nein."

"Keine weißen Mädchen, wo Sie hinkommen, müssen Sie wissen."
"Ach, das tut nichts."
"Wollen wir uns Eingeborene ansehen?"
"Mir ist's recht."
Der Kapitän bezahlte, und sie gingen weiter. Sie kamen in ein anderes Haus. Hier waren die Mädchen Chinesinnen, klein, zierlich, mit winzigen Händen und Füßen, wie Blumen, und sie trugen Gewänder aus geblumter Seide. Aber ihre gemalten Gesichter waren wie Masken. Sie blickten mit schwarzen, spöttischen Augen auf die Fremden. Sie waren seltsam unmenschlich.
"Ich habe Sie hergebracht, weil ich dachte, daß sie es sehen sollten", sagte Kapitän Bredon mit der Miene eines Mannes, der seine verfluchte Pflicht und Schuldigkeit tut. "Aber sich umschauen und wieder gehen ist alles. Sie mögen uns nicht, aus irgendeinem Grund. In manchen von diesen chinesischen Lokalen wird ein Weißer nicht einmal hereingelassen. Sie behaupten, wir stinken. Komisch, nicht? Sie sagen, wir riechen nach Leichen."
"Wir?"
"Da lobe ich mir die Japaner", sagte der Kapitän. "Die sind wunderbar. Meine Frau ist eine Japanerin. Jetzt bringe ich Sie an einen Ort, wo es japanische Mädchen gibt, und wenn Sie dort keine finden, die Ihnen gefällt, will ich Veitel heißen."
Ihre Rikschas warteten, und sie stiegen ein. Kapitän Bredon nannte eine Adresse, und die Boys liefen los.

Eine dicke Japanerin mittleren Alters ließ sie in das Haus ein und verbeugte sich tief, als sie eintraten. Sie führte sie in ein nettes, sauberes Zimmer, dessen ganze Einrichtung aus Matten bestand; sie setzten sich, und gleich darauf kam ein kleines Mädchen herein, mit einem Tablett, auf dem zwei Schalen blassen Tees standen. Mit einer scheuen Verbeugung reichte sie jedem eine. Der Kapitän sprach mit der ältlichen Frau, und sie blickte Neil an und kicherte. Sie sagte etwas zu dem Kind, das hinausging, und gleich darauf trippelten vier Mädchen herein. Sie waren süß in ihren Kimonos und ihrem kunstvoll frisierten schwarzen Haar; sie waren klein und rundlich, mit runden Gesichtern und lachenden Augen. Sie verbeugten sich tief, als sie hereinkamen, und murmelten wohlerzogen höfliche Begrüßungen. Ihre Sprache klang wie das Gezwitscher von Vögeln. Dann knieten sie hin, eine zu jeder Seite der beiden Männer, und fingen reizend mit ihnen zu flirten an. Kapitän Bredon hatte seine Arme bald um zwei schlanke Taillen gelegt. Sie plauderten alle wie die Wasserfälle. Sie waren sehr fröhlich. Es schien Neil, daß die Mädchen des Kapitäns sich über ihn, Neil, lustig machten, denn ihre leuchtenden Augen waren schalkhaft auf ihn gerichtet, und er errötete. Aber die beiden andern schmiegten sich an ihn an und redeten lächelnd japanisch auf ihn ein, als ob er jedes Wort verstehen müßte. Sie schienen so glücklich und arglos, daß er lachen mußte. Sie waren sehr aufmerksam. Sie reichten ihm die Schale, damit er seinen Tee trinke, und dann nahmen sie ihm sie wieder ab, damit er nicht die Mühe habe, sie zu halten. Sie zündeten ihm seine Zigarette an, und hielt ihre kleine zarte Hand hin, um die Asche aufzufangen und zu verhindern, daß sie ihm auf die Kleider fiele. Sie streichelten sein weiches Gesicht und betrachteten neugierig seine großen jungen Hände. Sie waren übermütig und verspielt wie junge Kätzchen.

"Nun, welche soll es sein?" fragte der Kapitän nach einer Weile. "Ihre Wahl schon getroffen?"

"Was meinen Sie damit?"

"Ich warte bloß, bis Sie versorgt sind, dann wähle ich."

"Oh, ich will keine haben. Ich gehe nach Hause, schlafen."

"Warum? Was ist los? Sie fürchten sich doch nicht?"

"Nein, ich habe bloß keine Lust. Aber bitte, lassen Sie sich durch mich nicht stören. Ich finde den Weg allein ins Hotel zurück."

"Keine Spur. Wenn Sie nichts unternehmen, unternehme ich auch nichts. Ich wollte Ihnen bloß Gesellschaft leisten."

Er sprach mit der ältlichen Frau, und was er sagte, veranlaßte die Mädchen, Neil mit plötzlicher Überraschung anzusehen. Sie antwortete, und der Kapitän zuckte die Achseln. Dann machte eines der Mädchen eine Bemerkung, die alle zum Lachen brachte.

"Was sagt sie?" fragte Neil.

"Sie neckt Sie", antwortete der Kapitän lächelnd.

Aber er blickte Neil neugierig an. Das Mädchen, das

die Bemerkung gemacht hatte, sagte nun etwas direkt zu Neil. Er verstand es nicht, aber der Spott in ihren Augen trieb ihm das Blut in die Wangen und machte ihn böse. Er liebte es nicht, wenn man sich über ihn lustig machte. Dann lachte sie laut auf, warf die Arme um seinen Hals und küßte ihn leicht.

"Kommen Sie, wir wollen gehen", sagte der Kapitän.

Als sie ihre Rikschas entließen und in das Hotel traten, fragte Neil:

"Was hat das Mädchen denn gesagt, daß alle lachten?"

"Es hat gesagt, Sie seien eine Jungfrau."

"Ich verstehe nicht, was es daran zu lachen gibt", sagte Neil mit seinem schwerfälligen schottischen Akzent.

"Stimmt es denn?"

"Jawohl."

"Wie alt sind Sie?"

"Zweiundzwanzig."

"Und wie lange gedenken Sie noch zu warten?"

"Bis ich heirate."

Oscar Wilde

Der scharfzüngige Dandy wetzt sein sprachgewaltiges Messer (»Bunbury oder Ernst muß man sein«) und macht sich über langweilige Butterbrötchen und unzeitgemäßen Kuchen sowie englisch gediegene Konversation als Zutaten des Tees her.

(Merriman tritt ein, begleitet von einem Lakaien, der ein Tablett, ein Tischtuch und Teller trägt. Cecily wollte soeben etwas erwidern. Die beiden Damen sind wütend, weil die Anwesenheit der Dienstboten sie zwingt, sich zu beherrschen)

MERRIMAN. Soll ich wie üblich hier den Tee servieren, Miß?

CECILY (*streng, mit ruhiger Stimme*). Ja, wie üblich.

(Merriman beginnt den Tisch abzuräumen und das Tischtuch aufzulegen. Eine lange Pause. Cecily und Gwendolen werfen einander finstere Blicke zu)

GWENDOLEN. Gibt es in der Umgebung interessante Spazierwege, Miß Cardew?

CECILY. Ach ja – eine ganze Menge. Von einem benachbarten Hügel aus kann man fünf Grafschaften sehen.

GWENDOLEN. Fünf Grafschaften! Das würde mir gar nicht gefallen. Ich hasse jedes Gelände.

CECILY (*holdselig*). Deshalb wohnen sie wohl in der Großstadt.

(Gwendolen beißt sich auf die Lippe und schlägt nervös mit dem Sonnenschirm gegen den Fuß)

GWENDOLEN (*sieht sich um*). Das ist ein recht hübsches Zimmer, Miß Cardew.
CECILY. Ich freue mich, daß es ihnen gefällt, Miß Fairfax.
GWENDOLEN. Ich hatte keine Ahnung, daß es in den entlegeneren Landbezirken etwas gibt, das an guten Geschmack grenzt. Ich bin überrascht.
CECILY. Ich fürchte, Sie beurteilen das Land nach großstädtischen Gesichtspunkten. Ich finde die meisten Häuser in London recht vulgär.

GWENDOLEN. Ländliche Gemüter dürften von ihrem Anblick geblendet sein. Ich persönlich kann nicht begreifen, wie jemand es fertigbringt, auf dem Lande zu leben – falls überhaupt jemand, der jemand ist, auf dem Lande lebt. Ich langweile mich auf dem Lande zu Tode.
CECILY. Aha! Das nennen die Zeitungen 'Agrarkrise'. Ich glaube, die Aristoktratie hat neuerdings sehr unter diesem Übel zu leiden. Ich habe mir sagen lassen, daß es geradezu epidemisch geworden ist. Darf ich ihnen eine Tasse Tee anbieten, Miß Fairfax?
GWENDOLEN (*mit übertriebener Höflichkeit*). Danke. (*Beiseite*) Abscheuliche Person – aber ich habe Lust auf Tee.
CECILY (*holdselig*). Zucker?
GWENDOLEN (*hochnäsig*). Danke, nein. Zucker ist nicht mehr modern.
(*Cecily wirft ihr einen ärgerlichen Blick zu, nimmt die Zuckerzange und legt vier Würfel Zucker in die Tasse*)
CECILY (*streng*). Kuchen oder Butterbrot?

GWENDOLEN (*mit gelangweilter Miene*). Butterbrot, bitte. Kuchen sieht man in besseren Häusern nur noch selten.
CECILY (*schneidet ein großes Stück Kuchen ab und legt es auf einen Teller*). Bedienen sie sich, Miß Fairfax.
(*Merriman reicht Gwendolen Tasse und Teller und geht mit dem Lakaien ab. Gwendolen trinkt einen Schluck Tee und verzieht das Gesicht. Sofort stellt sie die Tasse weg, streckt die Hand nach dem Butterbrot aus, entdeckt, daß es ein Stück Kuchen ist. Erhebt sich entrüstet.*)

GWENDOLEN. Sie haben meine Tasse bis an den Rand mit Zucker gefüllt, obgleich ich Sie laut und deutlich um ein Butterbrot gebeten hatte, haben Sie mir Kuchen servieren lassen. Ich bin für meine Sanftmut und die ungewöhnliche Milde meines Charakters bekannt, aber ich warne Sie, Miß Cardew: Gehen Sie nicht zu weit.
CECILY (*steht auf*). Ich bin bereit, sehr weit zu gehen – so weit wie nur immer –, um meinen armen unschuldigen, vertrauensseligen Jungen vor den Machenschaften einer anderen zu retten.
GWENDOLEN. Ich habe Ihnen vom ersten Augenblick an nicht über den Weg getraut. Ich habe gespürt, daß Sie verlogen und hinterlistig sind. Mein erster Eindruck täuscht mich nie.
CECILY. Mir scheint, Miß Fairfax, ich beraube Sie Ihrer kostbaren Zeit. Zweifellos haben Sie in der Nachbarschaft viele andere Besuche ähnlicher Art abzustatten.

Ruxandra Gheorghita

Mancher starke Tee, sagen wir metaphorisch, kann sogar Tote wecken... Der »Besuch mit hellem Tee« meint diese Metapher ernst

Er kam am Abend, um Tee mit mir zu trinken
und wir vergaßen, daß er tot war.
Wir sprachen über alte Zeiten
und tranken den hellen Tee am Abend.

Bis mein alter Vater ohne Alter
vor mir niederkniete und schrie:
gebär mich!
Mich zerreißt der Hunger nach dem Hunger.
Ich verbrenne im Durst nach dem Durst.
Ich sehne mich nach der Sehnsucht.
Mach mich wieder zu Wolf, Baum,
Eisen, Wolke, Nachtigall, Meer!

Die Nacht wurde böse und wild.
Die Sterne brüllten und der Himmel roch nach
Metallen.

Ich riß mir die weißeste Rippe aus
und sah wie mein Vater
immer jünger wurde
glutäugiger, schattiger
rauschender, reißender
schattenglühender
jünger
und jünger.

Sören Kierkegaard

In seinem Tagebuch »Entweder – Oder« hat der berühmte dänische Philosoph, der den Existentialismus vorbereitete, allerlei persönliche Schrullen offenbart. Was aber wäre aus dem Misanthropen geworden, hätte sich ihm nicht eine Tasse Tee fatal in ein "Abenteuer" geschüttet

Dank, guter Zufall, nimm meinen Dank! Rank war sie und stolz, geheimnisvoll und gedankenreich war sie wie eine Tanne, ein Sproß, ein Gedanke, der tief aus dem Inneren der Erde zum Himmel aufsprießt, unerklärt, sich selber unerklärlich, ein Ganzes, das keine Teile hat. Die Buche bildet eine Krone, ihre Blätter erzählen von dem, was unter iht vorgegangen ist, die Tanne hat keine Krone, keine Geschichte, sich selber rätselhaft – so war sie. Sie war sich selber in sich verborgen, selber stieg sie aus sich empor, ein ruhender Stolz war in ihr gleich der kühnen Flucht der Tanne, die doch auf der Erde festgenagelt ist. Eine Wehmut war über sie ergossen, gleich dem Gurren der Waldtaube, eine tiefe Sehnsucht, die nichts entbehrte. Ein Rätsel war sie, das rätselhaft seine eigene Auflösung besaß, ein Geheimnis, und was sind alle Geheimnisse der Diplomaten dagegen, ein Rätsel, und was in aller Welt ist so schön wie das Wort, das es löst? Wie ist doch die Sprache so bezeichnend, so prägnant: lösen, welch eine Zweideutigkeit liegt doch darin, wie schön und wie stark geht sie doch durch alle Kombinationen, in denen dieses Wort vorkommt! Wie der Seele Reichtum ein Rätsel bleibt, solange nicht das Band der Zunge gelöst ist, und damit auch das Rätsel, so ist auch ein junges Mädchen ein Rätsel. – Dank, guter Zufall, nimm meinen Dank! Wenn ich sie zur Winterzeit gesehen hätte, so wäre sie wohl in den grünen Mantel gehüllt gewesen, verfroren vielleicht, und die Rauheit der Natur hätte ihre, der Natur eigene Schönheit in ihr verkleinert. Jetzt hingegen, welches Glück! Ich sah sie zum erstenmal in der schönsten Zeit des Jahres, im Vorsommer bei Nachmittagsbeleuchtung. Der Winter hat freilich auch seine Vorteile. Ein glänzend erleuchteter Ballsaal mag für ein junges Mädchen im Ballkleid allerdings eine schmeichelhafte Umgebung sein; teils aber zeigt sie sich hier selten zu ihrem Vorteil, eben weil alles sie dazu auffordert und diese Aufforderung, mag sie ihr nun nachgeben, ihr Widerstand leisten, störend wirkt; teils gemahnt alles an Vergänglichkeit und Eitelkeit und erzeugt eine Ungeduld, die den Genuß weniger erquicklich macht. Zu gewissen Zeiten möchte ich einen Ballsaal zwar nicht entbehren, ich möchte seinen kostbaren Luxus nicht entbehren, nicht seinen unbezahlbaren Überfluß an Jugend und Schönheit, nicht sein vielfältiges Kräftespiel; doch genieße ich dann nicht so sehr, als daß ich in Möglichkeit schwelge. Es ist keine einzelne Schönheit, die fesselt, sondern eine Totalität; ein Traumbild schwebt an einem vorüber, in dem alle diese weiblichen Wesen sich untereinander konfigu-

rieren und alle diese Bewegungen etwas suchen, Ruhe suchen in *einem* Bilde, das man nicht sieht.
Es war auf jenem Pfad, der zwischen Nørre- und Østerport liegt, um halb sieben etwa. Die Sonne hatte ihre Macht verloren, nur die Erinnerung an sie war in einem milden Schimmer bewahrt, der sich über die Landschaft breitete. Die Natur atmete freier. Der See war still, blank wie ein Spiegel. Die traulichen Gebäude am Bleichdamm spiegelten sich im Wasser, das ein weites Stück hinaus dunkel war wie Metall. Der Pfad und die Gebäude auf jener Seite wurden von ohnmächtigen Sonnenstrahlen beleuchtet. Der Himmel war klar und rein, nur eine einzelne leichte Wolke glitt unbemerkt über ihn hin, am besten erkennbar, wenn man das Auge auf den See heftete, über dessen blanke Stirn hin sie verschwand. Kein Blatt rührte sich. – Sie war es. Mein Auge hatte mich nicht getrogen, wenn auch der grüne Mantel es getan hat. Obgleich ich schon so lange Zeit vorbereitet gewesen, war es mir doch unmöglich, eine gewisse Unruhe zu meistern, ein Steigen und Fallen gleich dem der Lerche, die über den angrenzenden Feldern stieg und fiel in ihrem Gesang. Sie war allein. Wie sie gekleidet war, habe ich wieder vergessen, und doch habe ich jetzt ein Bild von ihr. Sie war allein, beschäftigt, offenbar nicht mit sich selbst, sondern mit ihren Gedanken. Sie dachte nicht, aber das stille Wirken der Gedanken wob ihr ein Bild der Sehnsucht vor die Seele, das voll Ahnung war, unerklärlich wie die vielen Seufzer eines jungen

Mädchens. Sie war in ihrer schönsten Zeit. Ein junges Mädchen entwickelt sich nicht im gleichen Sinne wie ein Junge, es wächst nicht, es wird geboren. Ein Junge beginnt gleich sich zu entwickeln und braucht eine lange Zeit dazu, ein junges Mädchen wird lange geboren und erwachsen geboren. Darin ihr unendlicher Reichtum; in dem Augenblick, da sie geboren ist, ist sie erwachsen, aber dieser Augenblick der Geburt kommt spät. Daher wird sie zweimal geboren, zum zweitenmal, wenn sie sich verheiratet, oder richtiger: in diesem Augenblick hört sie auf, geboren zu werden, erst in diesem Moment ist sie geboren. Nicht Minerva allein entspringt voll ausgetragen Jupiters Stirn, nicht Venus allein taucht in ihrer vollen Anmut aus dem Meere empor, so ist jedes junge Mädchen, dessen Weiblichkeit nicht verdorben ist durch das, was man Entwicklung nennt. Sie erwacht nicht sukzessiv, sondern auf einmal, hingegen träumt sie um so länger, wenn die Leute nicht so unvernünftig sind, sie zu früh zu wecken. Dieses Träumen aber ist ein unendlicher Reichtum. – Sie war nicht mit sich selbst beschäftigt, sondern in sich selbst, und diese Beschäftigung war unendlicher Friede, unendliche Ruhe in sich selbst. Solchermaßen ist ein junges Mädchen reich, diesen Reichtum umfassen, macht einen selber reich. Sie ist reich, obwohl sie nicht weiß, daß sie etwas besitzt; sie ist reich, sie ist ein Schatz. Stiller Frieden ruhte auf ihr und leise Wehmut. Sie war leicht mit dem Auge anzuheben, leicht wie Psyche, die von Genien fortgetragen wird, noch leichter; denn sie trug sich selbst. Mögen die Lehrer der Kirche über die Himmelfahrt der Madonna streiten, sie erscheint mir nicht unbegreiflich, denn die Madonna gehörte der Welt nicht mehr an; die Leichtigkeit eines jungen Mädchens ist aber unbegreiflich und spottet der Gesetze der Schwere. – Sie bemerkte nichts und glaubte sich deswegen auch nicht bemerkt. Ich hielt mich in weitem Abstand und sog ihr Bild ein. Sie ging langsam, keine Eile störte ihren

Frieden oder die Ruhe der Umgebung. Am See saß ein Junge und angelte, sie blieb stehen und betrachtete den Wasserspiegel und den kleinen Schwimmkörper. Sie war zwar nicht schnell gegangen, doch suchte sie eine Abkühlung; sie löste ein kleines Tuch, das unter dem Schal um den Hals gebunden war; ein leises Lüftchen vom See her umfächelte einen Busen, der weiß wie Schnee war und doch warm und voll. Dem Jungen schien es nicht recht zu sein, einen Zeugen seines Fangs zu haben, er drehte sich mit einem ziemlichen phlegmatischen Blick um und betrachtete sie. Er machte wirklich eine lächerliche Figur, und ich kann es ihr nicht verdenken, daß sie unwillkürlich über ihn lachen mußte. Wie jugendlich sie lachte! Wäre sie mit dem Jungen allein gewesen, so hätte sie, glaube ich, sich nicht gescheut, sich mit ihm zu raufen. Ihr Auge war groß und strahlenreich; wenn man hineinschaute, so hatte es einen dunklen Glanz, der seine unendliche Tiefe ahnen ließ, indem es unmöglich war, in diese einzudringen; rein war es und unschuldig, mild und ruhig, voll Schelmerei, als sie lächelte. Ihre Nase war fein gebogen; als ich sie von der Seite sah, zog sie sich gleichsam in die Stirn hinein, wurde dadurch etwas kürzer und etwas kecker. Sie ging weiter, ich folgte. Zum Glück waren dort mehrere Spaziergänger auf dem Pfad; während ich mit diesem und jenem ein paar Worte wechselte, ließ ich sie einen kleinen Vorsprung gewinnen, holte sie dann bald wieder ein und überhob mich somit der Notwendigkeit, im Abstand ebenso langsam gehen zu müssen wie sie. Sie ging nach Østerport zu. Ich wünschte sie näher zu sehen, ohne gesehen zu werden. An der Ecke liegt dort ein Haus, von dem aus mir dies eigentlich gelingen müßte. Ich kannte die Familie und brauchte also dieser bloß eine Visite zu machen. Ich eilte raschen Schrittes an dem Mädchen vorüber, als ob ich sie auch nicht im entferntesten beachtete. Ich war schließlich ein ganzes Stück voraus, begrüßte die Familie nach rechts und nach links und bemächtigte mich darauf des Fensters, das auf den Pfad hinaus blickte. Sie kam, ich blickte und blickte, während ich gleichzeitig mit der Teegesellschaft im Wohnzimmer ein Geplauder entspann. Ihr Gang überzeugte mich leicht, daß sie keine bedeutende Tanzschule durchgemacht hatte, und doch lag ein Stolz darin, ein natürlicher Adel, dabei aber ein Mangel an Achtsamkeit auf sich selbst. Ich sah sie einmal mehr, als ich eigentlich erwartet hatte. Vom Fenster aus konnte ich nicht weit auf den Pfad hinabblicken; dagegen konnte ich einen Steg beobachten, der in den See hinausläuft, und zu meiner großen Verwunderung entdeckte ich sie da draußen wieder. Es fiel mir ein, vielleicht wohnt sie hier draußen auf dem Lande, vielleicht hat die Familie hier eine Sommerwohnung. Ich war schon drauf und dran, meinen Besuch zu bereuen, aus Furcht, sie könnte umkehren und ich werde sie aus den Augen verlieren, ja der Umstand, daß sie am äußersten Ende des Steges sichtbar würde, war gleichsam ein Zeichen, daß sie mir entschwinde – als sie ganz in der Nähe erschien. Sie war schon am Hause vorüber, rasch greife ich nach Hut und Stock, um womöglich noch viele Male an ihr vorbei und wieder hinter ihr herzugehen, bis ich ihre Wohnung entdeckt hätte – als ich durch meine Eile gegen den Arm einer Dame stoße, die gerade dabei ist, Tee herumzureichen. Ein fürchterlicher Schrei erhebt sich, ich stehe da mit Hut und Stock, einzig darum besorgt fortzukommen, und um der Sache womöglich eine Wendung zu geben und meine Retirade zu motivieren, rufe ich mit Pathos aus: Wie Kain will ich verbannt sein von diesem Ort, der das Verschütten dieses Teewassers gesehen hat. Aber wie wenn alles sich gegen mich verschworen hätte, kommt der Wirt auf den verzweifelten Einfall, meine Bemerkung kontinuieren zuwollen, und erklärt hoch und heilig, ich dürfe nicht gehen, bevor ich eine Tasse Tee getrunken, selber den Damen den verschütteten Tee gereicht und somit alles widergutgemacht hätte. Da ich mich vollkommen überzeugt hielt, der Hausherr werde es im gegenwärtigen Falle für seinen Höflichkeit ansehen,

Gewalt anzuwenden, so war hier nichts anderes zu tun als zu bleiben. – Sie war verschwunden.

Theodor Fontane

»Mathilde Möhring« und ihre Mutter haben einen Heiratskandidaten ins Auge gefaßt und beginnen bei einem zweiten Aufguß Tee, Pläne zu schmieden

70 "Bist Du zufrieden, Thilde?“ sagte die Alte und wies auf zwei Setzeier, die sie zu Ehren des Tages spendiert hatte.

"Ja“, sagte Thilde, "ich bin zufrieden, wenn du sie beide ißt und wenn ich sehe, daß sie dir schmecken. Denn du gönnst dir nie was, und davon magerst du auch so ab. Kartoffeln ist was Gutes, aber viel Kraft gibt es nicht. So ängstlich is es ja auch gar nicht mit uns, wir haben ja das Sparkassenbuch. Ich werde dich nun wieder besser verpflegen, und wenn wir gegessen haben, gieße ich dir eine Tasse Tee auf. Er hat nicht mal seinen Zucker verbraucht und auch nicht weggepackt. Man sieht an allem, daß er ein anständiger Mensch. Aber nun nimm, Mutter“ Und sie legte der Alten vor und patschelte ihr die Hand.

"Ja, du bist gut, Thilde. Wenn du nur einen guten Mann kriegtest.“

"Ach, laß doch.“

"Ich denke immer daran. Und warum auch nicht? Wie du da vorhin vor dem Spiegel standst: von der Seite bist du ganz hübsch.“

Ach laß doch, Mutter. Das mit dem Gemmengesicht mag ja wahr sein, und ich glaube selbst, daß es wahr ist. Aber ich kann doch nicht immer von der Seite stehn."

"Brauchst du auch nicht. Und dann am Ende, du hast die gute Schule gehabt und die guten Zeugnisse, un wenn dein Vater länger gelebt hätte, wärst du jetzt Lehrerin, wie du's wolltest. Manche sind so sehr fürs Gebildete. Wie hast du's denn drüben bei ihm gefunden? Alles in Ordnung? alles anständig? Ein ganz Armer kann es nicht sein. Ein ganzlederner Koffer beinah ohne Holz und Pappe; das haben immer bloß solche, die gute Leute Kind sind."

"Ganz recht, Mutter, das stimmt. Da sind wir mal einig. Und so ist es auch mit ihm. Guter Leute Kind. Auf der Kommode lagen noch die Schnupftücher und die wollenen Strümpfe. Nun, du mußt es dir nachher ansehn. Alle ganz gleich gezeichnet und auch die Strümpfe und nicht mit Wolle gezeichnet, alle mit rotem Zeichengarn. Er muß eine sehr ordentliche Mutter haben oder Schwester, denn ein andrer macht es nicht so genau. Und die Stiefel auch in Ordnung. Er muß aus einer guten Ledergegend sein, das sieht man an allem, und hat auch eine Juchtenbriefmappe, schön gepreßt, ich rieche Juchten so gern. Und die Bücher alle sehr gut eingebunden, fast zu gut, und sehen auch alle so sonntäglich aus, als ob sie nicht viel gebraucht wären, nur sein Schiller steckt voller Lesezeichen und Eselsohren. Du glaubst gar nicht, was er da alles hineingelegt hat,

Briefmarkenränder und Zwirnsfaden und abgerissene Kalenderblätter. Und dann hat er englische Bücher dastehen, das heißt übersetzte, die muß er noch mehr gelesen haben, da sind so viele Ausrufungszeichen und Kaffeeflecke, und an mancher Stelle steht 'famos' oder 'großartig' oder irgend so was. Aber nu werde ich dir den Tee aufbrühen. Du hast doch noch kochend Wasser?"

"Versteht sich, kochend Wasser is immer..."

Und damit ging Thilde und kam nach einer Minute mit einem Tablett zurück. Es war dasselbe Tablett und dieselbe Teekanne, daraus der Mieter seinen Morgentee genossen hatte.

"Das ist ein rechtes Glück, daß er Tee trinkt", sagte Thilde und goß der Mutter und dann sich selbst eine Tasse von dem Neuaufguß ein. "Kaffee, das schmeckt dann immer nach Trichter. Aber von Tee schmeckt das zweite eigentlich am besten." Und während sie das sagte, zerbrach sie zwei Zuckerstückchen in viele kleine Teile und schob das Schälchen der Mutter hin.

"Nimm doch auch, Thilde."

"Nein, Mutter. Ich mag nicht Zucker. Aber du bist für süß. Und nimm nur immer ein bißchen in den Mund. Ich freue mich, wenn es dir schmeckt und wenn du wieder dick und fett wirst."

Alexander Xaver Gwerder

Ganz schlicht »Tee« heißt ein Gedicht des viel zu früh verstorbenen Dichters: In einem großen Bogen, in kurze Zeilen gespannt, kommt hier einer zu sich

Denkst du an Leben,
an jene Spirale aus Anmut
der Karyatide Rodins,
steigt schwerer der malmende Zug
kaukasischer Wälder, – und ohne
die spannend beglückende Frist
beim Abflug der Reiher
triebst du in Schlaf…

Weit sind die Häfen, wo kaum noch
Zerstörung gelb
aus den Flaggen fiel, – doch immer
am Grunde siehst du die fröhlichen
Finger, den Blütenhals…
das traurige

Echo der Augen und weißt: Das
bin ich.

[Für K. F. Ertel]

Lenos Christidis

»Ohrfeigenfische« sind äußerst eigenwillige Zeitgenossen – nie besteigen sie einen klösterlichen Glockenturm ohne erhebende Debatten oder gar ausreichenden Proviant. Der junge griechische Erzähler gibt ihnen reichlich Tee mit auf ihren Höhenflug

… Wir hatten es geschafft. Bis auf die Spitze des Glockenturms. Aufrecht. Neugierig. Und das Schlimmste ist, daß eine Glocke über uns hängt, die Platz für uns alle und für noch fünf Freunde von uns hatte. Eine große Glocke.

"Wie gefällt es euch?"

Sotiris sprach nicht. Guckte auch nicht.

"Mich persönlich bedrückt diese Glocke ein bißchen", sagte ich, denn sie bedrückte mich *tatsächlich*. Und nicht nur ein *bißchen*.

"Das kriegen wir schon", sagte Herr Spiros.

"Wie?"

"Wir werden sie auch bedrücken." Er hielt sich an der Seiltreppe fest. Er stieg auf. Flink. "Los, steigt auf, es ist schön hier."

Wir stiegen. Es war wirklich schön dort. Über der Glocke. Auf deren Spitze. Eine Niesche auf der Glockenspitze. Das wars. Fenster ringsherum. Gedeckte Bänke. Und in der Mitte die Glocke. Ihre Spitze. Wie ein Altar. Große Glocke. Wir setzten uns. Dornen. Keimten aus den Ritzen. Der Bretter.

Tee. Herr Spiros bot uns an. Ich nahm. Sotos nicht. Er antwortete auch nicht. Es wucherte. In ihm. Ich schaute. In ihn hinein. Ich erschrack. Schaute. Draussen. Unendlicher Ausblick. Meer. Fern. Ich sagte das:
”Das Meer ist weit entfernt, oder?“
Er lächelte.
”Wie auch alles andere.“
Das sagte Sotos, und das war das erste, was er in der Klause des Propheten Daniel sagte.
"Wie alles andere", stimmte Herr Spiros zu.
Sie schauten sich an. Er hatte einen Bart, weiß und lang, und etwas graues Kuttenähnliches. Nur das. Sotiris sprach wieder.
”Alles andere, was dir am Arsch vorbeigeht“, sagte er.
”Willst du ein bißchen Tee?“, fragte mich Herr Spiros.
Ich sagte ”Ja.“ Er goß mir auf.
"Hast du gehört was ich dir gesagt habe? Was dir am Arsch vorbeigeht sagte ich", sagte wieder der Sohn.
Herr Spiros setzte sich. Er schaute Sotiris an, der ihn ansah. Er sagte:
”Hab ich dich je gefragt, was du machst, wohin du gehst, wie du lebst; forderte ich Rechenschaft? Hab ich dir was aufgezwungen? Frage ich dich?"
”Nein.“
”Dann frag mich auch nicht. Genieß dein Leben, so kann ich meins genießen."
Sotiris stand auf. Wollte ihn verdreschen. Das sah ich an seinen Augenbrauen, die sich zusammenzogen.

Er fragte:
"Was ist dein Leben?"
"Dieses. Und was ist deins?"
"Das Andere."
Pause. Ich schrak zurück. Es braute sich was zusammen. Ich sah Sotiris. Er war am Ersticken. Er wollte zündeln. Tempel, Bart, Stola. Von Grund auf. Er hatte einen Sack voller 'warum?'.
"Warum bist du weggegangen?"

"Man macht manches einfach so, ohne Grund."
"Warum hast du den Anrufbeantworter dabei?"
"Einfach so."
"Ohne Grund?"
"Ohne. Ich schmiß ihn in den Platamona."
"Warum?"
"Mir gefiel die Gegend nicht, und ich schmiß ihn hin. Hast du etwas dagegen?"
"Ich? Überhaupt nicht."
Es war Herr Spiros. Mit etwas Kuttenähnlichem und Bart, aber er war es. Warum aber hier? Warum nicht anderswo? Irgendwo. Sotiris zog noch ein 'warum' aus dem Sack.
"Warum hast du dich verheiratet?"
"Einfach so."
"Warum haben die anderen geheiratet?"
"Welche anderen?"
"Alle. Alle anderen. Warum heiraten sie? Warum heiraten die Leute?"
"Wegen… weswegen denkst du? Zum Spaß? Zum Lachen? Fürs Geld? Zum Ficken? Was denkst du?"

"Woher soll ich das wissen?“
"Weil man sich einsam fühlt. Deshalb.“
"Was für eine Scheiße“, brüllte Sotiris. ”Ich hatte dich für aufgeweckter gehalten.“
Pause. Ich trank meinen Tee. Was konnte ich machen? Herr Spiros füllte mein Glas auf. Dann sprach er. Zu seinem Sohn.
”Du, Sotiris, fühlst du dich denn nicht einsam ab und zu?“
”Na und?“
”Was machst du dagegen?“
”Was weiß ich! Weinen, Saufen, Insichdringen.“ Er zeigte auf mich. ”Er sieht fern.“
Ich stimmte zu:
”Ja, tatsächlich, ich seh f…“
”Und andere verheiraten sich einfach“, unterbrach mich Herr Spiros. Höflich. ”Die teilen sich ihre Einsamkeit. Das hab ich schon mal gehört. Ich glaube in einem Fernsehquiz.“
Sotiris war nich höflich. Bemühte sich auch nicht. Er wollte nicht. Herr Spiros wollte nicht zanken. Was wollte er? Vergebung? Plauderei? Gesellschaft?
”Man teilt sie nicht. Die Einsamkeit jedes einzelnen läßt sich nicht teilen. Nur… nur hat man Gesellschaft, um sie zu erleben, jeden Tag, jeder für sich selbst.“
Sotiris spottete.
”Das ist dumm.“
”Ich sagte nicht, daß es klug ist.“
”Und feige.“

”Ich sprach nicht über Mut.“

”Hölle“, sprach Sotiris zu sich.

Ich – ehrlich gesagt – hatte den Tee meines Lebens getrunken. Herr Spiros setzte fort:

”Du kannst die Hölle von keinem beurteilen. Nur deine eigne.“

„Die Typen nämlich, Herr Spiro, die morgens aufwachen und neben sich eine Schnecke sehen, auf die sie geil waren, und sprechen tagsüber nur von Einkaufen, Fernsehen, und den Kleinen, der gestern über den Teppich der Küche stolperte, und wir ihn deshalb wegnehmen müssen, damit kein Unfall passiert, und am Samstag in Pyjamas ficken, die haben es gut?“

”Vielleicht.“

”Was vielleicht?“

”Vielleicht. Vielleicht geht es ihnen gut.“

”Nein. Geht nicht.“

”Woher weißt du das?“

”Ich stelle mir das vor.“

”Hattest du je ihre Bedürfnisse?“

”Nein, Gott sei Dank nein.“

”Dann kannst du nicht wissen, was die brauchen, damit es ihnen gut geht.“

”Ich weiß, was die brauchen müssen.“

Herr Spiros lächelte. Er hatte ihn.

”Sagtest du *müssen*?“

”Ich sagte *müssen*.“

”Falsches Wort. Es trifft nicht auf Bedürfnisse und Gefühle zu.“

"Ich spreche nicht von Gefühlen und solchem Kokolores. Ich spreche vom gesunden Menschenverstand."
"Du sprichst von deinem *eigenen* Verstand."
"Fick mich."
Er stand auf. Sotos. Afrecht. Er schwitzte. Und ausserdem war er außer sich.
"Ich ertrage dich nicht mehr. Du bist ein Heiliger, ein Frommer, ich weiß nicht, was für ein Scheiß – Weiser, aber ich habe recht, und du weißt es."
"Tatsächlich."
Sotos stockte.
"Was *tatsächlich*?"
"Du hast recht."
"Warum gehst du mir dann auf die Eier?"
"Die haben auch recht."
"Laß das. Entweder ich oder sie. Einer irrt sich."
"Du."
"Oooo!"
"Sie auch."
Sotiris betonte Silbe für Silbe:
"Du – ü – ber – zeugst – mich – nicht."
"Zum Glück."
Wir schauten ihn an. Verarschte er uns? Was machte er hier? Warum trug er eine Kutte – sei sie auch grau? Warum rasierte er sich nicht? Warum hält er diese Teekanne?
"Ein bißchen Tee?" schlug er vor.
Was konnte ich sagen? Nein? In meinen Adern hatte ich schon reinen Tee. "Und hier?"

Sotiris hatte noch mehr. Fragen.
"Was hier?“
"Hier. Was ist hier los?“
"Hier… hier bin ich und Gott.“
"Naaa? Sag bloß nicht, du seist ein Gläubiger?"
Diese Frage hatte etwas Entsetzliches an sich. Viel hing davon ab. Von der Antwort. Herr Spiros gab eine:
"Der Gott ist das, was du willst.“

Sotos schlürfte einen Schluck. Tee. Zitierte:

Er ist der Gott des Nichts,
wenn du das sehen kannst.
Er ist der Gott von Allem
Er ist in dir und mir.

Herr Spiros runzelte:
"Wer sagte das? Du?“
"Jan Anderson.“
"Wer ist das?“
"Ein Freund.“
Herr Spiros setzte eine ernste Miene auf.
"Mein Kind, wir sprechen dasselbe in unterschiedlicher Sprache.“
Er bespritzte ihn mit Tee. Sotiris lachte. Ehrlich. Er entspannte sich dabei. Er sagte:
"Ich glaube, du hattest Angst.“
Herr Spiros beugte. Den Kopf. Nieder.
"Was?“ sagte er.
"Kutte, Bart, Glocken. Camouflage, Herr Spiros. Verstecken.“ Er lachte. Fies. "Ich hatte dich für cooler gehalten“, ergänzte er.

"Wovor hatte ich Angst?" erhöhte Herr Spiros den Ton seiner Stimme, so daß es schien, als ob er eine Antwort verlangte.
"Vor Erschöpfung. Vor dem Altwerden. Vor dem Sterben."
Es war ziemlich grob, was Sotiris ihm da steckte, deshalb trank ich die ganze Tasse Tee. Auf einen Schluck. Herr Spiros blieb gebeugt.
"Du, Sotiris, der Tod", sagte er, "ist in unserer Nähe, jeden Tag. Hinter uns. Schaut uns zu. Vor uns. Verspottet uns. Neben uns. Berührt uns. Unter uns. Wir treten ihn. In uns. Wir verdauen ihn. Jeden Tag. Jede Stunde. Jeden Augenblick. Es ist einfach eine Frage der Zeit."
Kein Tee der Welt konnte mich in diesem Moment retten. Mein Darm war gespannt wie eine Drachenschnur. Schnurrolle. Das Verdauungssystem ging drauf. Am Altar des Happy-End. Scheiß Happy-End. Trotzdem umarmten sie. Plötzlich. Seltsam. Wie alte Feinde. Meine Muskeln entspannten sich. Schnurrolle laß nach.

(*deutsch von Evangelia Karamountzou*)

María Rosa Lojo

Der argentinische Lyriker gibt sich beim »5-Uhr-Tee« der großen Meditation über einer kleinen Schale hin

Eine Tasse Tee mit seinen treibenden Blättern auf dem Grund: dort liegt ein verlorenes Auge, ein Mund, der nicht zum Wort fand, ein auf dem Weg quergelegtes Bein, eine Hand, die nicht nähen kann. Es gibt einen geheimen Stadtplan eines längst unbewohnbaren Ortes, eine Musik, die deine Seele umkrempeln könnte, wenn du sie hörst.
Aber da ist deine andere Hand, die wieder die Tasse füllt, um den Grund zu bedecken, damit du nichts mehr siehst, um dich nicht zu erblicken.

(*deutsch von Tobias Burghardt*)

Anthony Burgess

In seiner Familiensaga »Belsazars Gastmahl« hat der große Erzähler eine studentische Teestunde eingerichtet, die in puncto Esprit sicher ihresgleichen sucht. Große politische Themen schwemmt der Tee hier empor...

"Schade, daß du's nie kennengelernt hast", sagte Richard Morrow Jones. "Die Juden sollen doch so auf feine Küche stehen." Wir saßen zum Tee im Kardomah-Teashop am Deansgate, der bis vor recht kurzer Zeit noch das Trianon-Restaurant gewesen war. "Es war gut. Und die Kundschaft war auch gut. Schauspieler und Musiker vor allem. Noel Coward, John Gielgud, Artur Schnabel. Die signierten Photos hingen überall an der Wand. Und jetzt schau dir die Wände an." Die Wände zeigten ein grob vergrößertes Weidenporzellanmuster. "Das eigentliche Problem war nicht, daß meine Mutter wegen der Luft in Manchester immer gehustet hat. Die Polizei wurde kiebig wegen der Erneuerung der Schanklizenz. Na ja, sie haben ja nicht schlecht verdient hier, und jetzt haben sie ein hübsches kleines Pub bei Abergavenny. Aber es ist doch sehr schade. War das beste Restaurant in Manchester." Und dann: "Tut mir leid, was ich da gesagt habe. Wegen der Juden, meine ich."

"Von uns sagt man auch schon mal Schlimmeres.

Und es stimmt schon mit dem feinen Essen. Eine erlesene, aber sehr massive Küche."

Ich kannte das Trianon nicht, weil ich mich in Manchester insgesamt kaum auskenne, obwohl ich aus Cheetham Hill stamme. Den größten Teil meiner Jugend habe ich außerhalb von Manchester und in der Tat außerhalb Englands verbracht. Ich war nicht in England, weil mein Vater als Ingenieur an Überseeaufträgen arbeitete. Der Ingenieurberuf war damals für einen Juden ungewöhnlich. Ein Jude konnte künstlerisch genial sein, aber doch keine Brücken bauen. Zu seinem Studium an der Technischen Hochschule von Manchester war mein Vater von niemand Geringerem als von Dr. Chaim Weizmann ermuntert worden. Dieser, ein Sohn des Hinterlandes von Motol südöstlich von Grodno, Absolvent der Universitäten von Berlin und Freiburg, seit 1904 Dozent für Biochemie an der Universität Manchester, war ein Freund meines Großvaters, zu seiner Zeit ein recht bekannter jüdischer Atheist. Weizmann sollte 1949 der erste Präsident des Staates Israel werden, aber er hatte sein ganzes Leben für die Gründung dieses Staates gearbeitet. Er arbeitete während David Jones' Krieg auch für das britische Kriegsministerium, und seine Entdeckung einer Technik zur Synthetisierung von Azeton, das zur Herstellung von Sprengstoffen gebraucht wird, trug ihm als Lohn die Gründung der Kolonie Davids in Palästina ein. Er wurde der hauptsächliche Sprecher des weltweiten Zionismus. Er hielt dafür, daß die

Juden der Diaspora sich auf den (wörtlich zu nehmenden) Aufbau des jüdischen Staates vorzubereiten hatten – den Bau von Straßen, Städten und Brücken, Kriegsschiffen und schweren Waffen –, indem sie die angewandten Naturwissenschaften studierten. Da der Atheismus meines Großvaters kein Geld trug, half Weizmann meinem Vater, sein Ingenieurstudium voranzutreiben. Mein Vater wurde ein sehr guter, wenn auch manchmal cholerischer Ingenieur. Von 1917 bis 1920, dem Jahr meiner Geburt, investierte die britische Militärverwaltung von Palästina britisches Geld in notwendige Strukturverbesserungen im Territorium – dazu gehörte die Errichtung einer Stahlbrücke über den Jordan, und an diesem Projekt war mein Vater beteiligt. Ein gutes Stück zionistisches Geld kam für andere Vorhaben zusammen, hauptsächlich aus Amerika, aber die friedliche Entwicklung eines modernen Palästina wurde wie stets von den Arabern behindert: Meine Kindheit in Jaffa war voll vom Lärm und den Staubwolken der Unruhen und Terroranschläge. Die Firma meines Vaters in Trafford Park holte ihn aus dem gefährlichen Palästina weg und übertrug ihm Bauvorhaben in Argentinien und Peru (Eisenbahnlinien vor allem), aber 1928 waren wir wieder in Palästina, als das – schließlich scheiternde – Schofin-Lezipren-Projekt begonnen wurde: das sollte ein Triumph der Metallkonstruktionen unter Spannung werden, das dünnste Gebäude der Welt. Ich weiß noch, wie 1929 der Aufruhr an der Klagemauer losbrach, und wie

mir trotz meiner Jugend klar wurde, daß die Zukunft dem Terrorismus gehörte.
Wie Sie wahrscheinlich wissen, wird die Klagemauer – von Gojim, wenn auch nicht von Juden – sogenannte, weil dies der Ort ist, wo das alttestamentarische Klagelied laut rezitiert wird. Die Juden nennen sie kotel Ma'arabi oder die Weltliche Mauer und erklären, sie sei das älteste Heiligtum des Glaubens, errichtet lange vor dem Tag, da Mohammed sein

erstes Kamel trieb. Die Moslems bestreiten das und behaupten, die Mauer und die sie umgebenden Pflastersteine seien heilige Monumente ihrer eigenen Spätlingsreligion. Daher die Unruhen. Ich sah Fäuste und heulende Münder, und dann war Weizmanns eigenes Azeton am Werk, und es kam mir eine philosophische Überlegung, die für einen Jungen von neun recht fortgeschritten war: daß die jeweilige religiöse oder politische Sache immer nur ein Vorwand war, um Gegenstände und Menschen zusammenzuschlagen; auf das Zusammenschlagen kam es an. Menschen waren Energiekugeln, Massen fleischliches Azeton, und diese Energie ließ sich am leichtesten für eine destruktive Aktion entzünden, Kreativität ist so schwierig und erfordert Verstand und Phantasie. Aber da der Mensch ein Wesen mit Bewußtsein ist und nicht bloß mit Nerven und Muskeln, bedarf es immerhin irgendeiner fingierten Begründung für die Zerstörung. Zerstörung, die sich in diesem Zeitalter, da ich schreibe, am liebsten terroristisch ausdrückt, ist wesentlich nur für sich selbst da, aber das Alibi des religiösen oder profanen Patriotismus verwandelt die Destruktion in etwas scheinbar Kreatives.

Reg zahlte die Rechnung für den Tee – eine sehr manchestertypische Mahlzeit mit Fritten und Spiegelei als Hauptgang. Dann gingen wir am Deansgate hinunter Richtung Piccadilly. Wir waren, schätze ich, typische gutsituierte junge Engländer dieser Epoche, wenn auch keiner von uns englisch war, was immer das Wort bedeuten mag. Ich meine, es müßte eigentlich bedeuten: Jemand, der Englisch als Muttersprache hat. Reg war Waräger und ich war Jude, was immer ein Jude sein mag. Gut, ich war beschnitten, aber das waren viele Nichtjuden auch. Seit meinem atheistischen Großvater war in unserer Familie niemand mehr religiös. Ich entstammte dem Mittelmeer, Reg dem Ostseeraum. Er hatte eine hohe Stirn, und das dünne blonde Haar ließ erkennen, daß er früh kahl werden würde. Ich hatte einen rabiaten dunklen Haarwuchs und mußte mich zweimal täglich rasieren. Meine üppige Behaartheit ärgerte mich. Tatsächlich hatte ich eine neurotische Abneigung gegen jegliche Überfülle. Wir kamen an einem Grammophonladen am Piccadilly vorbei, der seine Ware mit dem Abspielen einer Aufnahme von "Under the Spreading Chestnut Tree" anpries, einem Lied, das König Georg IV. in seiner Eigenschaft als Pfadfinderführer populär gemacht hatte. Ich dachte an Roquentin und sagte:

"Hast du mal *La Nausée* gelesen?"

"Nie gehört. Was Französisches?"
"Ein Franzose namens Sartre. Noch nicht lange erschienen. Noch nicht ins Englische übersetzt. Colin Smith ist ganz verrückt deswegen. Er hat es aus Paris mitgebracht und diktiert es uns passagenweise. Es geht um einen Mann, der von der Fruchtbarkeit eines Kastanienbaums angewidert und entsetzt ist. All dieser Exzeß, dieses überschäumende fürchterliche Leben, das dem menschlichen Wunsch nach kühler Einfachheit zuwiderläuft. Ich kann's verstehen. Schau dir dieses blühende Vollgefühl der Welt um uns herum an", ich meinte den Piccadilly mit seinen Einkäufern und roten Bussen. "Ich weiß, was er mit 'Ekel' meint."
"Wer meint?"
"Der Held des Buches, Roquentin. Es ist in uns genauso wie außerhalb. Eine schreckliche Wirrnis von Eingeweiden und Drüsen, die Konfusion der Psyche mit ihren widerstreitenden Identitäten."
"Liebe Zeit, liebe Zeit", sagte Reg. "Was willst du denn – eine Bombe soll fallen auf alles?" Er gebrauchte mir gegenüber manchmal die jiddische Syntax, obwohl meine Familie kein Jiddisch konnte. Es war nicht böse gemeint. Wir stiegen in einen Vierundvierziger-Bus. Reg fuhr nach Fallowfield zu Jorge Lewis, seinem Katalanischdozenten. Ich hatte jetzt meinen Tee gehabt, aber ich ging zu einer Teaparty im Philosophischen Seminar. Das war eines von den regelmäßigen Treffen, die Professor Pears organisierte. Es war, nehme ich an, kein Wunder,

daß ich Philosophie studierte, mit Deutsch und Französisch nebenher, obwohl mein Vater mich ermahnt hatte, Gutes in der Welt zu tun und etwas Praktisches anzufangen. In meinem Metaphysikkursus bei Professor Nussbaumer konnte ich mich mit der höheren Wirklichkeit der Monaden trösten und mit der Vision eines finalen Zustandes, der nach der hektischen Unruhe des sich ständig perpetuierenden Lebens die zeitlose Schlichtheit eines wahren Perpetuum zeigen würde, das man dann geradesogut auch als Gott bezeichnen konnte, unschöpferisch und nicht einmal selbstbewußt. Aber ich mußte auch Lehrveranstaltungen in Ethik und Politischer Philosophie besuchen und mir das verstörende Chaos der Versuche des Menschen vorführen lassen, sich selbst eine Ordnung zu setzen. Und bei Professor Pears' Teestunden gab's dann immer eine informelle Diskussion über den idealen Staat oder das Ethos der Polygamie unter Schiffbrüchigen auf einer einsamen Insel, wo es zehn weibliche Überlebende und einen Mann gab. Die Teilnahme an dieser Kekskrümelgeselligkeit war nicht zwingend, aber es machte einen Unterschied bei den Semesternoten. Ich ging im Grunde deshalb hin, weil Regs Schwester meistens da war.

Ich fühlte mich von ihr angezogen wie von nur wenigen Frauen meines Lebens. Die Frauen, die ich in den heißen Zonen der Welt gesehen hatte, glichen meiner Mutter und meiner Schwester in ihrer Ähnlichkeit mit Roquentins Kastanienbaum, von den

Göttern der Biologie erschaffen, um die existierende Fülle zu vermehren – fleischlich üppig, hüftig, tittig, alles ein Übermaß, diese Erdmütterlickeit, bereit, alles außer dem Fortpflanzungstrieb des Mannes in einem Waldesdickicht von mitternachtsschwarzem Haar zu erdrücken. Die dufteten leise nach Kuh. Beatrix Jones war blond und ostseeäugig wie ihr Bruder, ihre Haut spannte sich als dünnste Hülle über hervortrenden slawischen Wangenknochen. Ihr Körper war wunderbar, aber sehr schmal geformt. Sie trug einfach geschnittene Kleider in ungemusterten Pastellfarben; sie verschmähte Armbänder und Ohrringe. Sie was keineswegs kalt, aber ihre sexuelle Hitze wurde sozusagen von einem intellektuellen Thermostat geregelt. Ich fand später heraus, daß ihre kühle sexuelle Annäherung an mich die ihrer Mutter an ihren Vater wiederholte, wenn sie auch nicht an eine Heirat dachte. Sie hatte eine Berufslaufbahn vor sich.

Auf dem Oberdeck des Busses riß Reg eine neue Schachtel Players auf, hielt mir aber keine hin. Es fehlte ihm weniger an Großzügigkeit als an Aufmerksamkeit. Ich zündete mir meine letzte Gold Flake an und sagte: "Dieses Treffen mit deinem Mister oder Señor Lewis hat, wie ich annehme, etwas mit dem Spanischen Bürgerkrieg zu tun?"

"Wenn wir für Katalonien kämpfen, bestehen wir automatisch die Katalanischprüfung. Selbst wenn wir fallen."

"Ein Haufen gottverdammter Waliser kämpft für das

republikanische Spanien. Verrückt." Denn die Abteilung für Hispanistik hatte vorwiegend walisische Studenten, Spanisch war ein Walisisch-Ersatz, dasselbe Vokalsystem und so weiter. Aber dieser Jorge Lewis kam aus Chile, wo es eine Menge walisischer Familiennamen gab. Er hatte sich in Katalonien verliebt und gab einen Nebenfachkursus Katalanisch, anscheinend eine Sprache mit reicher Literatur.

"Verrückt, ja?" sagte Reg. "Das ist jedermanns Krieg. Deiner auch, wenn du's nur einsehen wolltest. Den Juden müßte was dran gelegen sein, die Faschisten zu töten."

"Das kommt noch", sagte ich, "Trotz dem verdammten Verrat von München." Es war Oktober 1938, und das Semester hatte gerade begonnen. Am Mittwoch hatten wir in der Studentenschaft die erste förmliche Debatte geführt. Reg und ich hatten den Antrag befürwortet beziehungsweise abgelehnt: Die hier Versammelten mögen beschließen, daß Groucho Karl vorzuziehen ist. Es war durchgegangen, aber äußerst knapp. Reg hatte wesentlich witziger für Karl gesprochen als ich für Groucho. Ich hatte ihn als Sprachphilosophen gerühmt; Reg hatte Karl als grandiosen Spaßmacher gefeiert, der das große Spiel des dialektischen Materialismus erfunden hatte. Zuletzt hatte er zwei Zeilen aus Audens *Totentanz* zitiert, gesungen auf die Melodie von Mendelssohns Hochzeitsmarsch:

O Mr. Marx, die Fakten füllen Band um Band,
Die Basis unseres Überbaus ist uns bekannt.

Dann hatte er einen falschen Bart von vogelnestartiger Struppigkeit angelegt und war unter Jubelrufen vom Podium gestampft, während Jack Pickford am Klavier Chopins Trauermarsch spielte. Darauf waren wir zusammen zu Steuermanns Laden am Deansgate gegangen, wo er einen möglichst flachen Flachmann kaufen wollte. Der Rest seiner Kriegsausrüstung

würde ihm ausgehändigt werden, wenn er und die anderen von Jorge Lewis' Freiwilligentruppe in Barcelona landeten. Ich sagte: "Und was meint Professor Pulga zu dieser zeitweiligen oder endgültigen Fahnenflucht aus seiner Abteilung?" Es war bekannt, daß Pulga ein Faschist war.

"Er glaubt, wir kämpfen für die katholische Kirche. Sogar Lewis. Pulga ist ein Dummkopf. Er muß es sein, bedenkt man, was er ist. Er glaubt, wir kämpfen auf Kastilisch. Legitimer Teil unserer akademischen Erziehung. Verrückt."

"Wie ich schon sagte."

"Mutter und Dad, um die mach ich mir Sorgen", sagte Reg. "Dad hat immer soviel von seinem Glück erzählt. Er hat auch welches gehabt, sehr viel sogar. Er glaubt, eine ausgleichende Lawine von Unglück wird über seine Kinder hereinbrechen. Walisischer Aberglaube. Kompletter Unsinn. Wir sind alle verhätschelt worden. Zu wohlgenährt, zuviel Taschengeld."

"Wenn", sagte ich, "du eine von deinen Players erübrigen könntest –"

"Nimm zwei. Drei. Nimm sie alle." Er überreichte mir das Päckchen, durchaus großzügig, wie ich sagte. Ich würde jetzt seiner Schwesster beim Teestündchen meine Zigaretten anbieten können. Der Bus näherte sich Lime Grove, und ich rannte die Stufen hinunter. Er fuhr bis Fallowfield weiter.

Beatrix oder Trixie goß Tee ein, und einer ihrer picklingen Bewunderer reichte runde Kekse herum. Sie war zwanzig, erschien mir aber mit ihrem hochfrisierten Gold und dem schlichten grünen Kleid und den metallfarbenen Seidenstrümpfen und den Stökkelschuhen sehr erwachsen. So viele Mädchen in ihrem Alter hatten eine schlechte Haltung und unbeholfene Gesten und rochen nach Schweiß und Tinte wie in der Schulklasse. Beatrix besaß eine vollkommene Kontrolle über ihre Bewegungen und konnte den Deckel der großen roten Teekanne nicht anders als anmutig heben. Sie hatte, was ihre erotische Existenz betraf, einen wahrscheinlich einzigartigen Ruf. Man konnte nicht mit ihr flirten, es war unmöglich, sich an sie heranzumachen, trotzdem wußte man, daß sie mit Männern ins Bett ging. Die Medizinstudenten, deren Reaktion auf die überwältigenden Wahrheiten ihres Sezierkurses ein vulgäres Gewieher über alles Sexuelle war, nannten ihren Namen nie mit anzüglichem Grinsen. Wenn sie in die Cafeteria kam, stieß niemand theatralisches Gestöhn oder Hundegejaule aus. Sie war nicht verführbar; sie verführte. Männer, die von ihr verführt worden waren, ließen nie die törichten Redensarten sexuellen

Triumphes hören – sie sagten gar nichts, als sei eine Göttin herniedergestiegen und hätte nach einer unaussprechlichen Verzückung Schweigen geboten.
Sie stand vor dem Abschluß ihres Geschichtsstudiums, aber zu ihren Ergänzungsfächern gehörte Politische Philosophie. Ihr Spezialgebiet waren die kurzen Annalen der sowjetischen Diplomatie. Mit dem Russischen als Muttersprache konnte sie die Dokumente, die aus Moskau in den Westen gelangten, mühelos lesen und in ein Englisch übersetzen, das den eleganten knappen Duktus ihres Körpers hatte. Professor L. B. Namier hielt große Stücke auf sie. Er war wahrscheinlich in sie verliebt. Sie hatte – nahm man allgemein an – nicht versucht, ihn zu verführen. Das wäre ungehörig gewesen. Sie verführte niemanden um irgendwelcher Vorteile willen, die eigene erotische Befriedigung ausgenommen.
Professor Pears strahlte in die Runde, seine Pfeife gluckste kräftig, und wir zehn oder zwölf saßen da, während er ein Diskussionsthema vorschlug. Das Thema war die Wirklichkeit des Staates und die Philosophie des Nationalismus. Ich setzte mich neben Beatrix und bot ihr eine von den Zigaretten ihres Bruders an. Ich gab ihr mit einem chemischen Röhrchen Feuer, das beim Hineinblasen aufglühte. Sie untersuchte dieses Feuerzeug neugierig. Sie sah auch mich neugierig an, als habe sie mich vorher noch nie wahrgenommen. Und ich war doch schon ein ganzes Jahr an der Universität. Das chemische Feuerzeug, das gerade auf den Markt gekommen

war, sollte sich nicht halten; es ließ den ersten Zug säuerlich schmecken. Früher oder später kam die Diskussion auf den Rassismus der Nazis, und ein junger Mann mit schmierigen Brillengläsern und einem unsauberen Kragen sprach sich unvorsichtigerweise dafür aus, man müsse die Reinheit der Rasse bewahren. Hitler hatte mit vielem unrecht, doch er hatte recht, erklärte dieser Student, wenn er auf einer homogenen Nation bestand, die durch Rassenmischung nicht befleckt werden durfte. ”Sie meinen also“, sagte ich, ”’Juden raus‘?“ In unserer Ignoranz damals glaubten wir, das wäre alles, was die Nazis wollten.

”Nicht nur die Juden. Nigger und Chineser und Japse. Eine Nation sollte nicht so etwas Dingens sein.“

”Mit ’Dingens‘“, sagte Professor Pears, ”meinen Sie vermutlich so etwas wie ’Heterogenes‘. Mit den beleidigenden Bezeichnungen, die sie zuvor gebraucht haben, meinen Sie wohl die Neger, Chinesen und Japaner. Dies ist keine Straßeneckenversammlung der Britischen Faschisten.“

”Ich bin“, sagte Beatrix, ”wie viele von Ihnen wissen, ein Produkt der Rassenmischung. Russische Mutter. Walisischer Vater.“ Mehr brauchte sie nicht zu sagen. Ihr scharfer Verstand und ihr herrlicher Körper rühmten die Blutsvermischung. Ich sagte:

”Alles Blut ist dasselbe. Was eine Rasse von der anderen unterscheidet, sind Sprache und Kultur. Aber die Geschichte zeigt, daß Sprache und Kultur vermittelt werden. Ich meine, sie sind nichts Chthonisches." Das Wort trug mir, wie ich spürte, Beatrix' Achtung ein. "Ich meine, sie wachsen nicht einfach so aus der Heimaterde. Wenn sie mich einen Juden nennen, was meinen Sie dann damit?" Es war das erstemal, daß mein Judentum in eine philosophische Diskussion Eingang gefunden hatte. Ich konnte spüren, wie Beatrix' Blick mich musterte, mich auf Judentum hin untersuchte. "Geht man ganz weit zurück, komme

ich aus dem Mittelmeerraum, genau wie Araber, Spanier, Maltesen, Italiener. Ich bekenne mich nicht zum jüdischen Glauben. Meine Eltern auch nicht. In einem Anfall von Inkonsequenz bestand meine Mutter zwar darauf, daß ich beschnitten wurde. Aber was die Speisevorschriften –"

"Was heißt 'beschnitten'?" fragte eine Studentin im ersten Semester.

Professor Pears senkte die Pfeife und öffnete erstaunt den Mund, so daß frischer brauner Tabaksaft auf seinen Zähnen sichtbar wurde. "Sie haben", fragte er verwundert, "nie die Bibel gelesen?"

"Dad hat das nie zugelassen. Er ließ uns auch nicht in die Kirche gehen. Er nennt sich einen Freidenker."

"Das bedeutet offenbar", sagte Professor Pears, "jemanden, der nicht bereit ist, seinen Kindern das Recht des freien Denkens zuzugestehen. Sie müssen ihn gelegentlich einmal zu unserer Teestunde mitbringen."

"Er trinkt keinen Tee."

"Beschneidung ist", sagte ich dann, "das chirurgische Entfernen der Vorhaut." Ich deutete ungefähr an, wo die sich befand. "Eine hygienische Maßnahme, die mythisch zum Zeichen eines Bundes zwischen Jehovah und seinem auserwählten Volk überhöht wurde. Die Muslime, die auch was von Hitlers Faschismus haben und die wie er die Juden verabscheuen, sind auch beschnitten."

"Ich bin Presbyterianer", sagte ein Junge, der in zwei Hälften zerteilte Woodbines rauchte, "und mir hat man sie auch abgesäbelt. Unser Hausarzt hielt da viel davon."

"Na sehen Sie", sagte ich ohne präzisen Grund. Oder vielleicht meinte ich, daß Beschneidung diesem ignoranten Mädchen so nahe war wie der sich rasch füllende Aschenbecher. Ich gab Beatrix noch eine Zigarette und sagte, sie könne das chemische Feuerzeug behalten, wenn sie wolle. Sie wollte nicht. Am Ende der Sitzung stimmten wir alle mehr oder weniger darin überein, daß es für eine Nation viel besser war, wenn sie multirassisch war, und dann lud Beatrix mich zum Tee in ihrem Zimmer in Rusholme ein. In einer Woche. Ich war einer von den Auserwählten, und mein beschnittener Penis schrumpfte panisch.

(*deutsch von Joachim Kalka*)

Christian Morgenstern

Als "Meraner Novembernocturno 1907" hat der immer in sympathetischer Verliebtheit von seinen Dingen dichtende Morgenstern sein Gedicht »An meinen Teekessel« bezeichnet. Und als wollte das Kesselchen melancholisch antworten, ging dem Gedicht ein Wort verloren:

Mein Kessel, komm und sing mit mir, –
die Welt ward kalt und duster,
und drunt' im Garten trinkt sein Bier
der Typhus *[unleserliches Wort]* Schuster.

Sein Bier, das ist wie Blut so rot;
er trinkt in langen Sätzen:
Er leidt in diesem Herbst nicht Not,
man weiß ihn noch zu schätzen.

Man weiß noch, was man an ihm hat,
dem billigen Besohler,
zumal hierorts, in dieser Stadt
geweckter Südtiroler.

Mein Kessel, komm und sing mit mir, –
wir dürfen nicht erkalten, –
wir müssen, altes Bärentier,
das Herz uns heiter halten.

Heinrich Böll

Mit der Einladung »Zum Tee bei Dr. Borsig« verknüpft sich eine Gewissensprüfung für einen jungen Künstler: Wird er – vom Tee geweckt – den Verlockungen der Werbung widerstehen? Oder wird er – mildgestimmt vom Tee – die Dichtung gegen Slogans tauschen?

SÖNTGEN (*spricht langsam vor sich hin*): Kannst du deinen Augen noch trauen? Kannst du deinen Augen noch trauen? Kannst du… (*Summton*)
SÖNTGEN (*danach*): Ja?
SEKRETÄRIN (*durchs Mikrofon*): Sie hatten Herrn Direktor Dr. Borsig für zehn Uhr zu sich gebeten.
SÖNTGEN (*durchs Mikrofon*): Ist er da?
SEKRETÄRIN: Ja.
SÖNTGEN: Bitte! Und keine Störung.
SEKRETÄRIN: Jawohl, Herr Präsident.
(*Tür wird geöffnet und geschlossen*)
DR. BORSIG: Herr Präsident –
SÖNTGEN: Setzen Sie sich – bitte; Sie rauchen immer noch nicht?
DR. BORSIG: Nein, danke.
SÖNTGEN: Schön. (*Ausholend*) Ja, meine Lieber, ich habe sehr vieles auf dem Herzen. Zunächst mein Kompliment für die Becher-Denkschrift: das ist eine sehr gute, eine ausgezeichnete Arbeit. Sagen Sie, stimmt es, daß sie dem jungen Mann, der sie zusammengestellt hat, die Original-Unterlagen mit nach

Hause gegeben haben? Bechers Tagebücher und seine private Korrespondenz?

DR. BORSIG: Ja, es stimmt, Herr Präsident – aber ich darf hinzufügen, daß inzwischen sämtliche Unterlagen wieder im Safe sind.

SÖNTGEN: Weiß ich – nur: finden Sie nicht, daß es recht leichtsinnig war, einem Fremden, einem so jungen Mann diese Papiere auszuhändigen? Sie enthalten (*lacht*), sie enthalten weiß Gott nicht lauter Komplimente für die ORAMAG.

DR. BORSIG: Es ist eine meiner Erfahrungen, daß nichts mehr bindet als großes Vertrauen in einer sehr heiklen Sache.

SÖNTGEN: Meiner Erfahrung nach bindet nur Geld – oder Mitschuld.

DR. BORSIG: Aber es gibt Leute, die man noch fester bindet, indem man ihnen Gelegenheit gibt, sich nicht schuldig zu machen.

SÖNTGEN: Haben Sie ihm sehr viel Geld gegeben?

DR. BORSIG: Es gibt Dinge, die keinen Preis haben.

SÖNTGEN: Ach, das ist mir neu – ich dachte, ich bin sogar sicher, daß alles seinen Preis hat.

DR. BORSIG: Verzeihen Sie – nicht in jedem Fall.

SÖNTGEN (*seufzend*): Gut – lassen wir das: ich hoffe nur, daß nicht irgendwo Fotokopien der Papiere existieren. Das wäre ein Fressen für die SUNAG. Nun, die Denkschrift ist gut so – nichts von den heiklen Dingen, die in Bechers Tagebüchern zu finden waren, ist in die Denkschrift hineingeraten. Hatten Sie dem jungen Mann Richtlinien gegeben?

DR. BORSIG: Nein. Ich habe den Entwurf selbst zusammengestrichen. Leute dieser Art sind so merkwürdig empfindlich.

SÖNTGEN: Und er hat die Streichungen hingenommen?

DR. BORSIG: Ich habe ihn nicht gefragt. Auch das gehört zu meinem Experiment mit diesem jungen Mann, auf den ich viel Hoffnung setzte – nähme er die Änderung ohne weiters hin, so würde er mich enttäuschen. Sie wissen, daß man mit widerstandslosen Leuten auf die Dauer nicht arbeiten kann. Läßt er sich überzeugen, daß die Streichungen notwendig waren: dann werden wir ihn gebrauchen können. Es gibt noch die dritte Möglichkeit: daß er nichts mehr mit uns zu tun haben will. *(Leiser)* Es gibt wirklich Leute, die keinen Preis.

SÖNTGEN *(lacht)*: Wenn Sie mal so einen auftreiben, so würde ich mich freuen, ihn kennenzulernen.

DR. BORSIG: Vielleicht können Sie heute nachmittag einen kennenlernen. Ich habe den jungen Mann zum Tee zu mir gebeten.

SÖNTGEN: Es würde mich tatsächlich reizen – ich denke – übrigens würde mich interessieren, wie der Entwurf ursprünglich ausgesehen hat.

DR. BORSIG: Ich lasse Ihnen gleich den Entwurf bringen.

SÖNTGEN: Über solche Dinge, die mir doch einigermaßen wichtig erscheinen, würde ich in Zukunft gerne unterrichtet, bevor sie erledigt sind.

DR. BORSIG: Sehr wohl, Herr Präsident.

SÖNTGEN (*seufzend*): Das wäre erledigt – nun etwas anderes… *(Summton)*
SEKRETÄRIN *(durchs Mikrophon)*: Herr Präsident?
SÖNTGEN (*durchs Mikrophon*): Bringen Sie bitte die Unterlagen über Prokolorit.
(Tür wird geöffnet und geschlossen)
SÖNTGEN (*weiter*): Danke – bitte, bringen Sie mir in fünf Minuten einen Kaffee. Für Sie auch, Borsig?
DR. BORSIG: Ja, bitte.

SÖNTGEN: Zwei also. *(Tür auf und zu)* Ich fürchte, Sie werden den Kaffee nötig haben. Das Wort Prokolorit hören Sie wohl nicht gern.
DR. BORSIG (*leise*): Ich weiß, Prokolorit war ein Fehlschlag… ich…
SÖNTGEN (*schneidend*): Es war ein Fehlschlag, aber ich will nicht hoffen, daß ihr ”war“ bedeuten soll, daß sie Prokolorit aufgeben, Herr Dr. Borsig. Bei der ORAMAG gibt es keine Fehlschläge. Wenn Prokolorit bisher ein Fehlschlag war – einer der schlimmsten, den die ORAMAG in ihrer Geschichte erlebt hat – dann wird es bald aufhören, einer zu sein. Und es wird ein Erfolg wie Pantotal werden. *(Plötzlich leiser)* Ich hoffe, Sie verstehen.
DR. BORSIG: Ich hoffe, Sie werden mir erlauben, an Pantotal zu erinnern.
SÖNTGEN: O ja, ich weiß. Sie haben Pantotal zu einem unserer größten Erfolge gemacht, ich weiß, und niemand in der ORAMAG wird das je vergessen, aber, mein lieber Borsig: Ihr Erfolg liegt zwanzig Jahre zurück – seit dem glänzenden Start, den Sie Panto-

tal gegeben haben, läuft es wie Wasser weg. *(Lacht)* Ich könnte mir vorstellen, daß es sogar noch ginge, wenn wir Gegenreklame starteten – schön, das war Pantotal...

DR. BORSIG: Ist Pantotal, wenn Sie mir erlauben, Sie zu unterbrechen, Herr Präsident.

SÖNTGEN: Meinetwegen: das ist Pantotal, aber jetzt geht es um Prokolorit. Lieber Borsig, wir haben fünfhunderttausend Schachteln produziert, von denen wir auf Antrieb fünfzigtausend verkauft haben. Aber dann kam nichts mehr, nichts – das Zeug liegt wie Blei in unseren Lagern. Wir haben unseren Produktionsapparat darauf eingestellt, daß in acht Wochen die zweiten fünfhunderttausend hergestellt werden. Sie wissen, was das bedeutet?

DR. BORSIG: Ich habe mir erlaubt, die beste Werbung zu machen. Ich habe...

SÖNTGEN: Sie haben eine schlechte Werbung gemacht. *(Langsam)* Kannst du deinen Augen noch trauen? Glauben Sie, das wäre ein guter Slogan? Wer hatte damals eigentlich den großartigen Slogan für Pantotal gemacht?

DR. BORSIG (*zitiert)*: Bist du allein, bist du in Sorgen, bist du...

SÖNTGEN (*wütend)*: Hören Sie auf, Mensch, hören Sie auf! Es war ein guter Slogan, aber ich habe ihn mehr als hunderttausendmal gehört. Wer hatte ihn gemacht?

DR. BORSIG: Vincent Nadolt.

SÖNTGEN: Nadolt? Sagen Sie mal, war das nicht

ein ziemlich bekannter Dichter? Hat er nicht den Staatspreis bekommen?

DR. BORSIG: Ja. Natürlich hat nie jemand erfahren, daß er den Slogan gemacht hat.

SÖNTGEN: Und wer hat den für Sinsolin gemacht?

DR. BORSIG: Auch Nadolt.

SÖNTGEN: Das war auch ein guter Slogan. Ja, und warum arbeiten Sie nicht mehr mit diesem Mann? Ist er zu teuer?

DR. BORSIG: Nein, er ist tot…

SÖNTGEN: Ach… richtig, kann mich erinnern. Aber gibt's keine anderen Dichter?

DR. BORSIG: Ich habe nicht nur der Denkschrift wegen das Vertrauen dieses jungen Mannes zu erwerben versucht.

SÖNTGEN: Wieso? Glauben Sie, er könne uns gute Slogans machen? Kann er was? Ich meine, ist er bekannt?

DR. BORSIG: Unter seinesgleichen ist er bekannt; man schätzt ihn – und ich selbst glaube, daß er Einfälle hat; ja, er hat Phantasie, *(seufzend)* aber ich fürchte, er wird nicht mitmachen. Er – wissen Sie, diese Leute sind merkwürdig. Ich habe ihm für die Denkschrift zwei Monate Zeit, das Material, einen Mitarbeiter und tausend Mark gegeben. Er hätte es wahrscheinlich auch für fünfhundert getan. Wenn ich ihm Prokolorit erkläre, ihm sage, was es ist, wogegen man es anwendet – es wird ihm vieles dazu einfallen, aber wenn ich dann sage: machen Sie mir einen guten Werbespruch und Sie bekommen dreitausend Mark –

dann wird er störrisch werden wie ein Esel. Er wird mißtrauisch.

SÖNTGEN: Na, dann bieten Sie ihm weniger, wenn er *(lacht)* durch zuviel Geld störrisch wird. Wie war denn dieser Nadolt?

DR. BORSIG: Zuerst war er auch heikel, aber als ich ihn einmal so weit hatte, da wußte er plötzlich, wieviel er wert war... und er forderte Preise, die selbst einen abgebrühten Kaufmann nachdenklich gemacht hätten. Es ist so merkwürdig mit diesen Leuten: ihre Phantasie ist großartig, wir können ohne sie nicht auskommen – aber es kommt dann ein Punkt, wo sich ihre Phantasie auch des Geldes bemächtigt...

SÖNTGEN: Nun Pantotal hat es wieder eingebracht – bei Prokolorit müßte es sich zeigen. Wir müssen Prokolorit durchbringen, Borsig. *(Leiser)* Es wird hoffentlich klar sein: alle Erzeugnisse, die unter Bechers Präsidentschaft herausgekommen sind, alle, mein Lieber, waren Erfolge. Prokolorit ist das erste, das unter meiner Präsidentschaft herauskommt – und prompt ist es ein Reinfall. Es muß durch, Borsig. Versuchen Sie doch, mit diesem Burschen fertig zu werden...

DR. BORSIG: Ich habe ihn für heute nachmittag zum Tee eingeladen. Vielleicht liegt Ihnen daran, ihn kennenzulernen?

SÖNTGEN: Es interessiert mich... ich... es ist so merkwürdig, daß wir diese Leute wirklich brauchen. Vielleicht wäre es besser, ihn fest anzustellen. Ich werde mir überlegen, ob ich nicht... natürlich möchte ich mich erst von seiner Qualität überzeugen.

DR. BORSIG: Sie kommen also zum Tee, Herr Präsident?

SÖNTGEN: Ja, ich komme, es erscheint mir wichtig.

(Summton)

Sekretärin *(durchs Mikrophon)*: Kann ich den Kaffe bringen, Herr Präsident?

SÖNTGEN: Ja, bringen Sie ihn.

(Tür wird geöffnet und geschlossen. Geschirr klirrt)

SÖNTGEN: Danke sehr.

 DR. BORSIG: Danke sehr.

Sekretärin: Bitte sehr. *(Tür auf und zu)*

SÖNTGEN *(lachend)*: Na, wenn er auch ein wenig spät kommt: trinken Sie den Kaffee. Schön, ich komme heute nachmittag zum Tee. Borsig, wir müssen Prokolorit durchbringen. Sagen Sie, ist Ihnen noch nie aufgefallen, welch eine merkwürdige Verkaufskurve unsere Erzeugnisse haben?

DR. BORSIG: Ich – eh – ich verstehe nicht.

SÖNTGEN: Unser bestes Erzeugnis ist zweifellos Bramin: ein wirklich gutes Mittel gegen Erkältung. Wie wird es gekauft? Am schlechtesten – unser schlechtestes Mittel ist Pantotal: es ist – unter uns gesagt *(sehr leise)* na ja, wir verstehen uns *(lacht)* – und die Leute reißen es uns aus der Hand…

DR. BORSIG: Tatsächlich eine schlechte Prognose für Prokolorit, Herr Präsident.

SÖNTGEN: Dann wollen wir doch einmal versuchen, ob man nicht auch ein gutes Mittel gut verkaufen kann.

(Beide lachen laut, ganz nahe am Mikrophon)

(dann ausblenden)

(Etwa vom 5. Stock eines Hauses aus sind durchs offene Fenster die Geräusche eines Bahnhofs zu hören, der dem Haus gegenüberliegt. Durch den Straßenlärm hindurch, der gedämpft hinaufklingt, hört man hin und wieder die Stimme eines Ansagers im Bahnhof als monotones Gemurmel)
ROBERT *(spricht aus dem Hintergrund des Zimmers, wo er auf dem Bett liegt)*: Ich weiß nicht, was du willst. Jedes andere Mädchen würde sich freuen, wenn sein Liebster, Bräutigam, Verlobter – nenn es wie du willst – eine solche Einladung bekommt. Soll ich denn ewig hier herumhängen und für eine Arbeit, die mir keiner gleichmacht, schlecht bezahlt werden? Ich verstehe, daß du enttäuscht bist, weil du dich aufs Kino so gefreut hast. Aber, daß du ernsthaft zu glauben scheinst, ich könnte nicht hingehen, das verstehe ich nicht. Ein wenig könntest du dich auch freuen.
FRANZISKA *(spricht vom Fenster her)*: Freust du dich denn so sehr? Bist du so ganz sicher, daß die Einladung ein Grund zur reinen Freude ist?
ROBERT: Ich möchte wissen, ob es einen einzigen Menschen gibt, der nicht dorthin gehen würde.
FRANZISKA: Wenn alle es tun würden, ist das kein Grund, es auch zu tun. Alles, was einem so ohne großen Widerstand zufällt, ist gefährlich – aber du hast meine Frage nicht beantwortet: freust du dich so sehr?
ROBERT *(leise)*: Ach, nein, du weißt doch: ich mag diese Leute nicht, sie langweilen mich, aber ich kann mir die Chance nicht entgehen lassen. Denkst du nie an unsere Zukunft?

FRANZISKA: Zukunft? Die Gegenwart wird immer vernachlässigt um der Zukunft willen. Weißt du, wer mir das gesagt hat? Du, hast es gesagt. Du hast mich gelehrt, mißtrauisch zu sein gegen Leute, die von der Zukunft sprechen... und nun, nun sprichst du es selbst aus und mit einer Stimme, einem Ernst, der mir fremd ist. Es klingt, als ob ein anderer es sagt. So bekannt klingt es und doch, indem du es sagst, für mich so fremd. Andere sprechen aus dir – das macht

mir Angst. Verstehst du nicht?

ROBERT (*seufzend*): Vielleicht hast du recht: gib nur acht auf das, was ich sage – aber ich verstehe nicht, warum du solche Angst hast, wenn ich hingehe.

FRANZISKA: Ach, ich habe mich so gefreut, ich habe dich überraschen wollen – und jetzt...

ROBERT: Jetzt bist du wie ein trotziges Kind, dem man sagen muß, daß die Kirmes ausfällt. Daß die Luftballons geplatzt sind – und der Regen die Farbe von den Karusselpferden wäscht...

FRANZISKA: Ich bin kein Kind mehr, aber vielleicht weiß ich noch, wie es ist, wenn man die Schule schwänzt: du wirfst die Last ab, die man Zukunft nennt – schneidest das Band durch, das dich mit dem anderen Gesicht, mit der Vergangenheit verbindet – und du bist plötzlich in einer unendlich erscheinenden Gegenwart. Ich hatte gar kein gutes Gewissen, als ich dem Chef sagte, ich müßte zum Arzt. Er tat mir sogar leid, weil so viel zu tun war – aber als ich dann im Zug saß und wußte, daß ich um vier Uhr bei dir bin, war ich so froh: einen ganzen Nachmittag, einen

ganzen Abend gewonnen… es schien mir nicht mehr so wichtig, daß die Kontoauszüge hinausgehen: Züsserli in Bern, Froitzheim in Köln, Brehmke in Berlin, ich denke auch, sie freuen sich über diese Verzögerung, denn ihre Kontoauszüge werden ihnen keine Freude machen…
ROBERT: Du machst es dir leicht. Ich weiß nicht: es mag sein, daß die Erwachsenen unfair gegen die Kinder sind, aber die Kinder sind auch unfair gegen die Erwachsenen: Eure Argumente sind zu groß: Gegenwart – Karussell – der Wind – die Sonne und das Wasser, Gott selbst: alles wird in Bewegung gesetzt.
FRANZISKA: Eure Argumente, sagst du? Glaube mir, ich bin kein Kind mehr…
ROBERT: Dann müßtest du wissen, daß ich nicht leichten Herzens zu Borsig gehe, gerade an dem Tag, an dem du mich überraschen wolltest…
FRANZISKA: Du willst also hingehen?
ROBERT: Meinst du wirklich, ich könnte noch absagen? Meinetwegen hat er Söntgen dazu eingeladen.
FRANZISKA: Deinetwegen? das glaubst du! Ich glaube nicht, daß Borsig irgend etwas um eines anderen als seiner selbst willen tut.
ROBERT: Glaubst du wirklich, ihn so genau zu kennen?
FRANZISKA (*wendet sich ganz ins Zimmer*): Merkwürdig: seit dem Tag, an dem du zum erstenmal dort warst, ist der Ton deiner Stimme ein anderer geworden.
ROBERT: Du warst doch mit mir dort, hast die Leute gesehen, mit ihnen gesprochen.

FRANZISKA: Ja, ich habe sie gesehen, ich habe mit ihnen gesprochen, ihren Tee getrunken und ihre Zigaretten geraucht, ihr Gebäck gegessen. Was wir Brot nennen, nennen sie ein trockenes Brot; was wir Wein nennen, ist bei ihnen eine Marke – sie trinken nicht Wein, sondern Jahrgänge und Ortsnamen – und ist es nicht eine Gemeinheit, Brot trockenes Brot zu nennen? Ach, wenn du wenigstens über sie lachen würdest... was gehen uns diese Leute an?

ROBERT: Ja, früher habe ich über sie gelacht – aber merkwürdig: das könnte ich jetzt nicht.

FRANZISKA: Bevor ich sie kannte, hatte ich Angst vor ihnen, aber seitdem ich sie kenne, habe ich nur noch Angst um dich.

ROBERT: Ich verstehe dich – weißt du, jemand von diesen Leuten – ich weiß nicht mehr, wer es war – sprach fünf Minuten lang mit mir über Suchok – ich wußte gar nicht, worum es sich handelte, entnahm nur dem Gerede, daß es ein Hotel oder ein ganz kleiner Ort sein müßte. Ich kam gar nicht dazu zu sagen, daß ich Suchok nicht kenne – aber ich konnte auch nicht darüber lachen. – Hast du wirklich Angst um mich, oder bist du eifersüchtig?

FRANZISKA: Eifersüchtig war ich auf das Mädchen, mit dem du dich im Sommer immer trafst: sie war so hübsch, sie nett, und ich fürchtete, du könntest für immer mit ihr gehen – aber auf diese Suchok-Leute kann ich nicht eifersüchtig sein: es macht mich nur traurig, weil ich vielleicht glauben mußte, daß du nicht der bist, für den ich dich hielt. Ich habe einfach Angst um dich.

ROBERT: Nicht auch um dich?
FRANZISKA: Auch um mich. Bald werde ich, wenn ich überhaupt noch einmal herkomme, allein in diesem Fenster liegen, werde allein dem Bahnhof lauschen, dem wir so oft zusammen gelauscht haben…
ROBERT: Schon sprichst du so, als ob es nie mehr sein würde.
FRANZISKA: Es wird nie mehr so sein.
Robert. Noch hast du es gar michr der Mühe wert gehalten, mich zu fragen, *weswegen* ich heute zu Borsig muß.
FRANZISKA: Ich weiß: zum Teetrinken – aber es wird der bitterste Tee deines Lebens sein, und er wird teuer sein: jeden Schluck, den du trinkst, wirst du bezahlen müssen.
ROBERT: Wie schön du prophezeien kannst. Ich wußte noch nicht, wie schlau du bist. Wüßte ich nur, woher die Weisheit kommt.
FRANZISKA: Sie kommt aus meinen Ohren, kommt aus meinen Augen: ich habe ihre Gesichter gesehen, ich habe die Stimmen dieser Leute gehört, und ich bin sicher, daß sie etwas von dir wollen, wozu du dich nicht hergeben solltest…
ROBERT: Aber was es ist, weißt du nicht? Ach, das alles hört sich für mich so ein wenig nach Buhmann an, eine dunkle Gefahr, die auf mich wartet, aber wenn ich ausweiche, wirst du nie wissen, ob deine Angst um mich gerechtfertigt war.
FRANZISKA: Du weißt also nicht, daß es eine wirkliche Gefahr ist?

ROBERT (*schweigt*)
FRANZISKA: Weißt du es?
ROBERT: Bin ich in einem Verhör?
FRANZISKA: Sei froh, wenn du nie von jemand anderem als von mir verhört wirst.
ROBERT (*steht auf, spricht etwas näher*): Ach, ich möchte lieber mit dir ins Kino gehen, ich möchte die Frau sehen, die den Mann liebt, der sie nicht liebt, möchte nachher mit dir Linonade trinken, grün müßte sie sein, kalt…

FRANZISKA: Es würde nichts mehr ändern. Und du würdest die ganze Zeit über an die größte Chance deines Lebens denken, die dir entgangen ist.
ROBERT: Es ist wirklich die größte Chance meines Lebens.
FRANZISKA: Geh hin, und nimm sie wahr.
ROBERT: Und was wirst du tun?
FRANZISKA: Ich werde warten, ich werde dem Bahnhof lauschen, in die Dachrinne hinunterschauen, ich werde Zigaretten rauchen und zusehen, wie der Regen die Stummel wegspült. Wenn du bis zehn nicht kommst, werde ich glauben müssen, daß du den Preis bezahlt hast.
ROBERT: Ich glaube, du hast recht: es wird nie mehr sein, wie es war. Und du bist klug: wenn ich zu Borsig gehe, wird die Erinnerung an das, was *nicht* war – sie wird nicht auszulöschen und sie wird schön sein. Immer werde ich an den Film denken, den ich nicht gesehen, an die Limonade, die ich nicht getrunken habe, an die Stunden, die ich bei diesen Burschen ver-

bracht und die ich mit dir hätte verbringen können – du bist klug...

FRANZISKA: Du mußt jetzt gehen, *wenn* du gehst.

ROBERT: Merkwürdig, wie sich alles gewendet hat: erst schien es, als seist du untröstlich darüber, daß ich gehe – nun schickst du mich weg.

FRANZISKA: Noch etwas: nimm Blumen mit für Frau Borsig.

ROBERT: Ach, jetzt bekomme ich sogar noch Anstandsunterricht...

FRANZISKA: Nein – aber das wirst du vielleicht nicht glauben – es ist, weil sie so nett war zu mir. Und dich mag sie auch... ich sprach länger mit ihr, als wir da waren. Wird sie dabeisein?

ROBERT: Ich weiß nicht. Also auf Wiedersehen. (*tritt näher*)

FRANZISKA: Vergiß die Blumen nicht – und denke an Suchok – versprichst du es mir?

ROBERT: Ja.

FRAU BORSIG: Reizende Blumen haben Sie mir mitgebracht, es ist sehr aufmerksam von Ihnen – aber sagen Sie mir, warum haben Sie das junge Mädchen nicht mitgebracht, das neulich mit Ihnen hier war?

ROBERT: Franziska... der Herr Doktor sagte mir nicht, daß ich sie mitbringen solle. Und außerdem, es ist, ich habe...

FRAU BORSIG: Was haben Sie?

ROBERT: Ich habe mich mit ihr gestritten.
(*Klopfen an die Tür*)
FRAU BORSIG: Ja, kommen Sie herein.
DIENER: Der Tee, gnädige Frau.
FRAU BORSIG: Danke –
(*Serviergeräusche*)
FRAU BORSIG (*dann*): Was ist noch? Warum warten Sie?
DIENER: Gnädige Frau, ich... es ist mir sehr... (*hüstelt*) aber ich habe von Herrn Doktor die strikte Anweisung, darauf zu achten, daß Sie sich schonen, Sie wissen, der Arzt...

FRAU BORSIG: Ich weiß, was der Arzt gesagt hat, ich werde mich gleich wieder zurückziehen, werde gleich wieder ins Bett gehen...
DIENER: Soll ich nicht für Sie mitdecken, zum Tee drinnen im Herrenzimmer?
FRAU BORSIG: Nein, nicht für mich. Machen Sie sich keine Sorgen... lassen Sie uns jetzt bitte allein.
(*Tür wird geöffnet und geschlossen*)
FRAU BORSIG (*gießt ein*): Nehmen Sie Milch in den Tee?
ROBERT: Danke, nein.
FRAU BORSIG: Als Sie zuletzt hier waren, nahmen Sie Zucker in den Tee.
ROBERT: Ich finde, er schmeckt ohne Zucker besser.
FRAU BORSIG: Schön. (*In plötzlich verändertem Tonfall*) Geben Sie acht, daß Sie immer genau wissen, wie Ihnen der Tee wirklich am besten schmeckt. Es ist schwer, das genau zu wissen; man quält sich damit ab,

einen Stil zu finden. Ich lernte einmal jemand kennen, der unbedingt einen rohen Eidotter im Tee haben mußte, *unbedingt*... wenige Tage später ertappte ich-mich dabei, daß ich auch einen rohen Eidotter im Tee haben mußte, *unbedingt*. Es schmeckte mir abscheulich, aber ich trank es. Ich aß Käsesorten, vor denen ich mich, solange ich mich erinnern konnte, geekelt hatte; ich ekelte mich weiter vor ihnen, aber ich aß sie, weil jener sie aß. (*Plötzlich wieder in nüchternem Ton*) Wissen Sie, wie jener hieß? Es war Otto Sansel.

ROBERT: Der Dichter? Sie haben ihn gekannt?

FRAU BORSIG: Er war der Freund meines Vaters: damals war er schon über sechzig: weißhaarig, groß – ein schöner Mann, mit einer dunklen Stimme: der Typ, den man 1913 Schwerenöter genannt und vor dem Mütter ihre Töchter vergeblich gewarnt hätten... ich trank einen rohen Eidotter im Tee, vier Wochen lang, bis mein Vater mir eines Tages die Tasse mit dem Eidotter vom Teller schlug. (*Lacht*) Sie können den Fleck heute noch sehen, wenn Sie wollen: der Teppich liegt jetzt im Bügelzimmer: ein historischer Teppich, (*feierlich*) der Teppich, den Vincent Nadolt befleckte.

ROBERT: Ihr Vater – war – Vincent Nadolt?

FRAU BORSIG: Ja, er war mein Vater.

ROBERT: Tausende, Hunderttausende verehren ihn heute noch.

FRAU BORSIG: Millionen sind einmal der beschwörenden Kraft seiner Verse erlegen.

ROBERT: Verzeihen Sie: ich wußte nicht, daß die

Auflagen – daß der Kreis seiner Verehrer so groß ist.
FRAU BORSIG: Woher sollten Sie es wissen: Sie brauchen sich nicht zu entschuldigen, die Millionen, die der beschwörenden Gewalt seiner Verse erlegen sind, wissen gar nicht, daß sie ihm – daß sie Vincent Nadolt – erlegen sind. Er hat die Werbesprüche für Pantotal gemacht. Es ist bisher ein Geheimnis gewesen, aber Sie hätten es doch gleich erfahren, mein Mann oder Söntgen hätten Sie in dieses Geheimnis eingeweiht...
ROBERT: Ich verstehe nicht, warum Sie mir das anvertrauen. Es ist natürlich ein Schlag für mich, zu erfahren, daß der Verfasser von "Entwurzelte Ferne" identisch ist mit dem Verfasser der Werbesprüche für Pantotal. Der Schlag sitzt, aber ich weiß nicht, warum ich ihn empfangen habe.
FRAU BORSIG: Darauf kann ich Ihnen eine genaue Antwort geben: weil ich einige sehr gute Gedichte von Ihnen gelesen habe. Ich habe alles von Ihnen gelesen; es ist dem Umfang nach nicht viel, aber ich habe es nicht vergessen, obwohl ich es vor einem Jahr gelesen habe. (*Spricht leise*) Wenn die große Flut kommt, werden in den Klassenzimmern die Schulbände an der Decke schwimmen, in den Glockenstühlen werden Haie wohnen: in der Radiostation werden noch Bänder ablaufen und erstaunte Heringe werden dem Vortrag über das Wesen der Kunst lauschen – aber die Heringe werden nichts verstehen...
ROBERT: Bitte, sprechen Sie nicht weiter, ich bitte Sie...

FRAU BORSIG: Sie hören es nicht gern, das glaub' ich, es gefällt Ihnen nicht mehr? auch das glaub' ich, aber *mir* gefällt es, und *Sie* haben es geschrieben. Und ich weiß, daß die Werbung für Prokolorit bisher schiefgegangen ist un dman einen neuen guten Mann sucht. (*Spricht leise weiter*) Alle Geschäfte werden schlecht gehen, am schlechtesten aber das Grundstücksgeschäft... Schön, ich höre auf, ich will Sie nicht quälen. (*Hustet lange und heftig*)

ROBERT: Sie sind krank, gnädige Frau, Sie sollten sich wirklich schonen.

FRAU BORSIG: Ja, ich bin krank, aber ein paar Minuten müssen Sie mich noch ertragen. Sagen Sie mir, worüber haben Sie sich mit Franziska gestritten?

ROBERT (*zögernd*): Es gab verschiedene Gründe. Schon seit einiger Zeit gab es – nun, gab es eine Krise zwischen uns. Es würde lange dauern, wenn ich Ihnen alles erklären wollte.

FRAU BORSIG: Es geht mich nichts an, lassen Sie nur. Sie müssen mir meine Erregung verzeihen – aber, was Sie geschrieben haben, erinnert mich so sehr an das, was mein Vater schrieb, bevor er die Slogans für Pantotal schrieb: zwanzig Jahre fast auf den Tag ist es her, daß etwas geschah, was mich an diesen Tee heute nachmittag erinnert: mein Vater war damals vierzig, und er war bekannt – mein Mann war damals fünfundzwanzig, so alt wie Sie jetzt sind: er war zum Tee bei uns eingeladen, weil er eine Dissertation über meinen Vater geschrieben hatte – aber wir wußten nicht, daß er eben die Leitung der Werbeabteilung bei der ORAMAG übernommen hatte. Sie können sich die Ohren zuhalten, Sie dürfen mich für überspannt halten – machen Sie, was Sie wollen – Sie können die zehn Minuten, die Sie bei mir gesessen haben, für verloren halten, aber *ich* mußte es Ihnen sagen. Außerdem bin ich ein wenig erschrocken gewesen, als Sie so viel Entgegenkommen mit der Becher-Denkschrift zeigten.

ROBERT: Ich habe kein Entgegenkommen gezeigt.

FRAU BORSIG: Aber sie ist doch mit sehr wesentlichen Veränderungen erschienen.

ROBERT: Veränderungen? Ich habe sie noch gar nicht gesehen – ist sie denn erschienen?

FRAU BORSIG: Bitte, stehen Sie auf, gehen Sie drüben ans Regal, rechts neben der roten Hofmannsthal-Ausgabe liegt ein kleines Paket: zehn Exemplare der Denkschrift, die gestern erschien. (*Stille. Robert macht einige Schritte, kommt zurück*)

ROBERT (*liest*): Werner Becher, Baron von Bukum, ein Leben für die ORAMAG. Zusammenstellung des Textes von Robert Wilke – aus einfachen Verhältnissen stammend, sein Vater war Schrankenwärter, zeigte Werner Becher schon früh jene Begabung, die das Genie auszeichnet. (*Mit veränderter Stimme*) Aber da fehlen ja – das habe ich nicht geschrieben – da fehlt alles, was Bechers Leben zu einem besonderen Leben macht – das ist ja nur verwaschenes Zeug.

FRAU BORSIG: Machen Sie kein Drama draus: erschienen wäre Ihr Manuskript niemals so, wie es war. Das können Sie der ORAMAG wirklich nicht zutrauen. Regen Sie sich nicht auf: Becher war ein Gangster, aber er wußte, daß er einer war. Das unterscheidet ihn von Söntgen…

ROBERT: Aber man hätte mich fragen müssen.

FRAU BORSIG: Natürlich hätte man Sie fragen müssen, aber vergessen Sie nicht, daß Sie Geld genommen haben.

ROBERT (*leise*): Franziska scheint recht gehabt zu haben.

FRAU BORSIG: Was sagte sie?

ROBERT: Ob, sie war böse, weil sie mich hatte überraschen und mit mir ins Kino gehen wollen. Sie sagte fast dasselbe, was Sie sagen.

FRAU BORSIG: Franziska sieht aus wie die Tochter, die ich immer haben wollte.

ROBERT: Aber Sie haben doch Töchter, reizende Töchter, wenn ich das sagen darf.

FRAU BORSIG: Oh, wie gut Sie Konversation machen können, nachdem Sie gerade entdeckt haben, wie sehr man Sie betrogen hat. Ich habe reizende Töchter, ja – aber ich rate Ihnen: gehen Sie ans Telefon, rufen Sie sich ein Taxe. Warum bleiben Sie noch hier?

ROBERT: Glauben Sie wirklich, ich könnte gehen? Warum ich bleibe? Ich weiß nicht; ich habe einfach keine Angst. Ich werde vielleicht eine schlechte Figur abgeben, aber ich will es wissen – ich habe so viel Zeit…

FRAU BORSIG: Geben Sie acht mit der Zeit: Stunden vertan, Tage verpafft wie eine Zigarette – Jahre gehen an Ihnen vorüber wie ein mittelmäßiger Film, und eines Tages sehen Sie, daß Sie Töchter haben, die aussehen wie Filmstars, die Ihnen immer unsympathisch waren – und es bleibt Ihnen nichts als das, was man ein geschmackvolles Heim nennt: Sauberkeit, Ordnung, alles am Platz – und morgens wenn Sie erwachen, der Brechreiz, von dem Sie nicht wissen, woher er ist: schmutzig und sinnlos, verklärt nur durch die Toten: Engel, die im Schlamm erstickten. Wollen Sie den tödlichen Kreislauf nicht unterbrechen: nicht erfahren, nicht wissen, sondern glauben, daß die Zeit, die Sie beim Tee verbringen werden, verschwendet ist?

ROBERT: Ich danke Ihnen; nein, ich bin neugierig – lassen Sie mich. – Schade nur, daß Sie nicht dabei sind…

FRAU BORSIG: Ich kann nicht, ich kann ihre Stimmen nicht mehr hören, kann ihre Gesichter nicht mehr sehen; ich werde wegfahren, ich werde weit wegfahren. Lassen Sie mich Ihnen noch etwas sagen, etwas, was mein Vater mir schrieb, bevor er starb. Wollen Sie es hören?

ROBERT: Ja, sagen Sie es mir.

FRAU BORSIG: Als ich jung war – schrieb mir mein Vater –, lernte ich unrasierte Schwindler kennen: Männer, die schlechte Bilder malten, schlechte Verse schrieben, Männer, die Rasierklingen mit einem Wert von 2 Pfennigen für 10 Pfennige verkauften – später lebte ich in einer Welt, wo die Schwindler rasiert waren: Männer, die schlechte Bilder malten, schlech-

te Verse schrieben, Männer, die Gegenstände mit einem Wert von 2 Pfennigen für eine Mark verkauften – als ich älter wurde, zog ich die Welt der unrasierten Schwindler wieder der der rasierten vor.
(*Ein Auto hält vor dem Haus – Stimmen – Lachen im Flur*)
FRAU BORSIG (*leiser*): Nun, treten Sie ein in die Welt der rasierten Schwindler.

(*In der folgenden Szene klirrt hin und wieder eine Tasse, wird ein Streichholz angezündet usw.*)
SÖNTGEN: Für mich, der ich Werner Bechers engster Freund war, nun sein Nachfolger bin, war es von außerordentlichem Interesse, lieber Herr Wilke, Ihre Arbeit über meinen verehrten, väterlichen Freund zu lesen. Ich freue mich, Sie kennenzulernen...
ROBERT: Es war eine Überraschung für mich, Herr Präsident, die Arbeit schon gedruckt zu sehen. Ich dachte – ich habe damit gerechnet, daß man mir Gelegenheit geben werde, die Änderungen zu beobachten. Tatsächlich scheint mir, daß man der Persönlichkeit des Herrn Baron von Kukum nicht ganz gerecht geworden ist
SÖNTGEN: Ich freue mich, daß Sie Ihr Manuskript verteidigen, daß Sie zu Ihrer Sache stehen. Das Gegenteil hätte mich enttäuscht. (*Lacht*) Ich gratuliere Ihnen: Sie haben Schneid.
DR. BORSIG: Die Schuld trifft mich, lieber Wilke, aber wenn ich Ihnen keine Gelegenheit gab, die Änderungen gutzuheißen, so hatte ich einen triftigen

Grund: es fehlte an Zeit: Sie wissen, daß schon in vier Tagen Bechers Geburtstag ist...

SÖNTGEN: Wir haben Ihnen großes Vertrauen geschenkt, indem wir Ihnen Material übergeben haben, das unserem Konzern empfindlich, *sehr* empfindlich hätte schaden können, wenn es auf irgendeine Weise in die Hände der Konkurrenz gekommen wäre. Stellen Sie sich vor, Sie wären auf die Idee gekommen, etwa Bechers Tagebücher, die recht merkwürdige Eintragungen enthalten, der SUNAG zu verkaufen.

ROBERT: Ich wüßte nicht, daß ich Anlaß gegeben hätte...

SÖNTGEN: Ich habe Sie nicht verdächtigt, ich habe nur die Möglichkeit erwogen, daß Sie hätten verdächtig sein können. Ich selbst, mein Lieber, habe Dr. Borsig vor dem Vertrauen, das er Ihnen schenkte, gewarnt – aber heute billige ich dieses Risiko, weil es uns den Beweis Ihrer Vertrauenswürdigkeit erbracht hat: eine Tatsache, die wir zu schätzen wissen.

DR. BORSIG: Da Sie mit so viel Schneid Ihr Manuskript verteidigen: lassen Sie mich noch sagen: hätten wir dem Publikum die Denkschrift über den Gründer ohne Korrekturen vorgelegt, so hätten wir zweifellos das Bild eines weisen, eines sehr originellen Menschen vermittelt, eines Menschen, der im Alter zu beachtlichen philosophischen Erkenntnissen über die menschliche Existenz kam: eines Skeptikers von Format, könnte man sagen, gut – aber diese Aufgabe wäre eine ausgesprochen literarische gewesen – doch, mein Lieber – (*in plötzlich verändertem Tonfall*) glauben Sie, wir hätten dann auch nur eine Packung Sinsolin mehr verkauft oder eine Schachtel Pantotal?

ROBERT (*leise*): Es ist mir nicht klar, wieso Sie mir Vertrauen in einer so wichtigen Sache wie der Becher-Denkschrift geschenkt haben.

SÖNTGEN (*ernst*): Der Grund ist ein einfacher: Ihre ausgezeichnete Arbeit hat uns auf den Gedanken gebracht, daß es interessant sein könnte, ein Archiv anzulegen, in dem wir stets Material bereithaben, das sich zur Information über die Zwecke unseres Konzerns eignet.

DR. BORSIG: Konkret gesprochen: es ist schon eine Binsenwahrheit geworden, jeder Straßenjunge, jede einfache Hausfrau spürt es: wir leben im Zeitalter der Public Relations. Ein enormer Ideenreichtum wird entwickelt. Aber diese Ideen, Werbesprüche, die wie das Zufallsprodukt einer geschickten Feder wirken: alle diese Dinge entstehen in harter und nüchterner Arbeit: auf Grund von Statisktiken, nach Einsicht in eine Fülle von Material. Sie, lieber Wilke, sollen für uns dieses Material sammeln, es auswerten – ich glaube, ich kann Ihnen versichern, daß es keine langweilige Arbeit sein wird.

SÖNTGEN: Nehmen Sie ein Beispiel: wir haben einen neuen Artikel entwickelt: ein Präperat, das die Menschheit vor der Gefahr der Farbenblindheit schützt. Stellen Sie sich vor, letzt, wo unser gesamtes Straßennetz mit Ampeln versehen ist: Grün – Rot – Gelb – stellen Sie sich vor, jetzt würde die Farbenblindheit plötzlich um sich greifen: die Autofahrer würden bei Rot durchfahren, bei Grün stoppen… die Folgen würden unabsehbar sein…

ROBERT: Aber ich sehe nicht, was ich tun könnte oder tun sollte, um ein solches Präperat zu propagieren…

DR. BORSIG: Ihre Aufgabe würde es sein, den Leuten die Folgen der Farbenblindheit in allen ihren Schrecken auszumalen: Wir – wir kennen die Fakten – Sie müßten Ihre Phantasie in Bewegung setzten, um die Gefahr gleichsam menschlich greifbar zu machen: eine bloße Unfallmeldung regt die Leute nicht auf, aber eine winzige Geschichte, mit den Elementen des Alltagslebens durchsetzt –

SÖNTGEN: So etwas, was jedem passieren könnte: das kapieren die Leute. Sehen Sie: wir haben Unterlagen über einen Fall von plötzlicher Farbenblindheit: Ein Vertreter wurde das Opfer eines Verkehrsunfall, weil er über Nacht die Fähigkeit verloren hatte, Rot und Grün von einander zu unterscheiden – würde Ihnen dazu nichts einfallen? Ist das nicht ein einfach erschütternder Fall?

DR. BORSIG: Man weiß, das er sein Auto bestieg, um einen Kunden zu besuchen, und daß er eine Stunde später tot war…

ROBERT (*leise uns langsam*): Und das Mittel hilft wirklich gegen Farbenblindheit?

SÖNTGEN: Sie waren eben mit Recht beleidigt, als meine Äußerungen wie ein Verdacht aussahen – aber jetzt erlauben Sie bitte uns, ein wenig – ein wenig erstaunt zu sein. Glauben Sie, wir propagieren gegen eine Krankheit ein Mittel, das nicht erprobt ist? Ganz abgesehen davon, daß die Ärzteschaft uns mit Recht bald vor die Gerichte bringen würde – selbstverständlich sind auch die Unterlagen über die Unfälle amtliches Material…

ROBERT: Die Vorstellung, daß der Mann, hätte er Ihr Mittel genommen, noch leben – diese Vorstellung ist grauenhaft: er hat sicher seine Frau geküßt, er hat sich von seinen Kinder verabschiedet, der Frühstückstisch blieb unaufgeräumt zurück – die Frau packte die Schulranzen für die Kinder; am Abend wollten sie vielleicht Mensch-ärgere-dich-nicht spielen oder Quartett – aber am Abend küßte er seine Frau nicht, sah er die Kinder nicht mehr, das Spiel wurde nicht gespielt… hätte er dieses Mittel genommen…

SÖNTGEN: Hätte er *Prokolorit* genommen, er hätte auch am Abend seine Frau wieder küssen, seine Kinder umarmen, hätte mit ihnen spielen können – das ist eine großartige Geschichte: das greift ans Herz – das packt die Leute: seine Kinder hätten nicht vergebens auf die Heimkehr des Vaters gewartet…

ROBERT: Nur ist die Geschichte zu schrecklich, um für Reklamezwecke ausgewertet zu werden…

DR. BORSIG: Denken Sie einfach darüber nach, welche Bedeutung im Leben des Menschen die Farbe spielt: die Haarfarbe einer Frau – das Rot der Lippen – das grün des Grases…

ROBERT: Eine phantastische Vorstellung, daß jemand plötzlich die Lippen eines Mädchens grün – das er eine Wiese rot sieht – oder denken Sie an einen

Fußballspieler, der das rote Trikot eines Gegners plötzlich für das grüne eines Mitspielers seiner Mannschaft hält; vielleicht gerade vor dem Tor, wo er im entscheidenen Augenblick dem gegnerischen Verteidiger flankiert –

DR. BORSIG: Die Chancen eines Tores verpaßt: An einem Tor können hunderttausend Mark für Tipper hängen, an einem Tor kann der Abstieg aus der Oberliga hängen –

SÖNTGEN: Das ist großartig: eine Werbestoß in Verbindung mit Fußball – das ist großartig. Ich gratuliere Ihnen – ich halte schon Ihre ersten Einfälle für ein gutes Zeichen am Beginn unserer Zusammenarbeit. Vergessen Sie den Mann, der da gestorben ist. Seien wir nicht immer so ernst – wir wollen aus dem Tod kein Geschäft machen…

ROBERT: Meine Bedenken fangen da an, wo ich nicht weiß, ob die Farbenblindheit eine wirkliche Gefahr ist. Man veranlaßt vielleicht fünfzigtausend, ein Mittel zu kaufen, das nur für drei von diesen fünfzigtausend einen wirklichen Schutz bedeutet…

DR. BORSIG: Wenn Sie drei Menschen das Leben retten…

ROBERT: Dann scheint es Ihnen nicht zuviel, wenn fünfzigtausend dafür 2,10 Mark bezahlen?

DR. BORSIG: Läßt sich der Preis eines Menschenlebens in Geld ausdrücken?

ROBERT: Natürlich nicht, aber ich könnte mir vorstellen, daß meine Bedenken…

SÖNTGEN (*unterbricht ihn*): Ich mache Ihnen einen

Vorschlag: Laden Sie Ihre Bedenken auf uns ab – lassen Sie sich nicht von Vorstellungen quälen. *Wir* beauftragen Sie, uns eine Serie von drei oder vier kleinen Geschichten zu schreiben: Warnungen vor der Gefahr der Farbenblindheit, die den Gebrauch von Prokolorit empfehlen. Eine simple, ganz einfache Sache: Sie haben Ideen, Sie haben Phantasie, wir kaufen diese Ideen. Ich denke, über den Preis werden wir uns schon einigen: Wir pflegen in solchen Fällen nicht kleinlich zu sein…

DR. BORSIG: Und wenn Sie nur einen einzigen Menschen wirklich retten – wenn Sie –

ROBERT: Ich – ich weiß nicht: ich müßte mich erst überzeugen, daß die Farbenblindheit eine wirkliche Gefahr ist…

DR. BORSIG: Aber glauben Sie mir: sie *ist* eine Gefahr. Ich werde Sie, wenn Sie mich besuchen, in einer Minute davon überzeugt haben, daß es wirklich so ist.

ROBERT: Aber dann sollte man doch jeden Autofahrer, jeden Menschen eigentlich, einer Reihe Untersuchungen unterziehen und diejenigen, bei denen die Krankheit oder die Möglichkeit dazu festgestellt wird – denen sollte man Prokolorit verschreiben lassen…

SÖNTGEN: Das würde zunächst einmal unendlich lange dauern: Bedenken Sie, wie schwierig es ist, den Verwaltungsapparat in Bewegung zu setzten. Mein Gott – eine Ewigkeit würde das dauern – aber ganz davon abgesehen: eine solche Aktion würde vielleicht zum Erfolg haben, daß wir zehn- oder zwanzigtausend Schachteln Prokolorit verkaufen, wir haben aber – hören Sie gut zu – wir haben fünfhunderttausend Schachteln produziert und haben davon mit Mühe fünfzigtausend verkauft, die wir verkauft haben auf dem Namen unserer Firma hin. Mein Lieber, die Angst ist zu klein – wir müssen Angst vergrößern…

ROBERT: Ich kann mich keinesfalls dazu entschließen, an der Vergrößerung der Angst teilzunehmen, Angst vor der Gefahr, die keine ist.

DR. BORSIG: Wer spricht davon, daß Sie sich hier und sofort entscheiden sollen? Außerdem haben wir noch andere Pläne: was mir wichtig erscheint: den Leuten zu zeigen, daß hinter dem abstrakten Namen von Industriefirmen Menschen verborgen sind: Alle kennen die ORAMAG, sie ist für die meisten ein Gespenst: eine Zusammensetzung von Buchstaben – etwas ganz Abstraktes: aber daß diese ORAMAG in Wirklichkeit Becher, daß sie Söntgen heißt: daß sich hinter diesen abstrakten Buchstabengebilden Menschen verbergen: darin sehe ich eine wichtige Aufgabe, die eigentlich schon zum Teil durch die Becher-Denkschrift erfüllt wurde: Wir müssen diese – ich möchte es Ent-Mythung nennen – das müssen wir fortsetzen.

SÖNTGEN: Eine sehr gute Idee, doch scheint mir, wir sollten nicht stundenlang so ernste, so tiefschürfende Gespräche führen – mein Gott, Sie sind doch noch jung, und schon so ernst. Versuchen Sie ein wenig heiterer zu sein. Hören Sie, mein Lieber, wissen Sie, wieviele Menschen nierenkrank sind?

ROBERT: Nein.

SÖNTGEN: Ich weiß es auch nicht, aber ich weiß, das die SUNAG jeden Monat dreißigtausend Schachteln von ihrem Nierenmittel verkauft: einfach, weil sie eine großartige Serie gestartet hat: Riesenplakate, wo eine Niere dargestellt wird – und einen plumpen, aber wirksamen Werbrspruch: Denkst du je an deine Niere? (*Lacht*) Nun, seitdem denken die Leute an ihre Nieren und kaufen das Mittel von der SUNAG – sagen Sie mir, soll ich mehr Gewissen haben als die Konkurrenz? Ich habe Arbeiter, ich habe Angestellte, wir haben eine ausgezeichnet funktionierende Sozialversicherung in unseren Werken – wir haben Müttererholungsheime – und ich habe im Lager vierhundertfünfzigtausend unverkaufte Schachteln Prokolorit – (*Lacht*) Ihre Hartnäckigkeit in Ehren: sie imponiert mir, und je hartnäckiger Sie sind, um so mehr reizt es mich, Sie für uns zu gewinnen. Ich mag die jungen Leute nicht, die einen gleich recht geben. Aber nun schlage ich vor, wir gehen essen – los, lassen Sie den Kopf nicht hängen… ich höre, Sie wollen heiraten, habe ich recht gehört?

(*Steht auf, Stühle werden gerückt*)

ROBERT: Heiraten? Ja – ich dachte daran, es ist – Sie haben mich nachdenklich gemacht…

DR. BORSIG: Seien Sie friedlich, befreien Sie sich für kurze Zeit von Ihren Vorstellungen – kommen Sie: wir gehen Abendessen. (*leiser*) Wissen Sie, Sie haben keinen schlechten Vorgänger – gewiß wissen Sie, wer Nadolt war…

ROBERT: O ja, ich weiß, wer Nadolt war…

DR. BORSIG: Und wissen Sie das Nadolt…

ROBERT (*unterbricht ihn*): Auch das weiß ich, und auch das hat mich nachdenklich gemacht.

DR. BORSIG: Sie wissen? Es ist mir unerklärlich, ich verstehe nicht –

SÖNTGEN: Nun los, meine Herren – bohren Sie sich nicht fest.

(*Aufbruch, Schritte…*)

SÖNTGEN (*im Vordergrund leise*): Dr. Borsig, diesen Burschen müssen wir bekommen, das ist ja großartig, diese Phantasie, diese Einfälle – hören Sie, wir *müssen* ihn bekommen.

(*Geräusche wie Szene 2, doch ohne Straßenlärm, die Stimme des Ansagers unten im Bahnhof leise, aber hin und wieder ein Wort verständlich: Weiterfahren, Anschlußzug – dreiundzwanzig Uhr – bitte beeilen*)

FRANZISKA: … wenn die große Flut kommt, werden junge Seelöwen den Paternoster benutzen, der unermüdlich weiterlaufen wird. Ein Rotbarsch wird das Frühstück des Intendanten aus dem Kandalaber an der Decke angeln und es in aller Ruhe verzehren: Rührei auf Toast. Überleben werden nur die beiden Kinder, die den Schwimmkursus schwänzten, um die Kathedrale zu besteigen; oben im Schnittpunkt der beiden Kreuzbalken wird der sicherste Punkt sein: Ein Strudel wird den beiden nach oben spülen, was sie brauchen: eine Büchse Ananas oder eine Ente aus

Zelluloid, wie man sie beim Einkauf von einem halben Pfund Margarine als Zugabe bekam… die Fische werden zum Laichen Gotik bevorzugen…

FRAU BORSIG: Ich bin traurig, daß mein Vater das nicht mehr gelesen hat, es hätte ihm gefallen.

FRANZISKA: Mir gefällt es nicht so sehr: vielleicht klingt es gut –– aber es macht mich so bange, und ich bin bange genug. Ihr Vater – in unserem Lesebuch standen Geschichten von ihm. Schöne Geschichten. Wozu sind sie gekommen? Um mir zu sagen, daß ich diese Geschichten nicht glauben soll?

FRAU BORSIG: Ich hatte Angst, Sie würden in ein Leben fallen, wie meines es war: Watte zwischen Ihnen und der Welt – und Sie werden so einsichtsvoll. Tupfer sind da, Tabletten, Ampullen, wohlriechende Prophylaktika – und Sir haben reizende Töchter und Schwiegersöhne, wie jene Götzen, die Wohl von Schneidermeistern verehrt werden: die Maße stimmen jedenfalls und die Intelligenz ist von jener Art, die man hochgradig nennt.

FRANZISKA: So war Ihr Leben vielleicht, meins wird anders sein.

FRAU BORSIG: Deshalb sag' ich's. Deshalb kam ich zu Ihnen: nie habe ich gesprochen, nie etwas getan: erst als ich Sie sah und ihn – als er erfuhr, daß er tun soll, was mein Vater getan hat. (*Heftig*) Wissen Sie, was Pantotal ist?

FRANZISKA: Als ich noch ein kleines Mädchen war, wußte ich schon, was Pantotal ist: es ist…

FRAU BORSIG (*unterbricht sie heftig*): Es ist Sug-

gestion... Millionen Schachteln sind davon verkauft: mein Vater schrieb die Texte dazu, mein Mann managte es. Deshalb spreche ich...
FRANZISKA: Lassen Sie mir Zeit. Ich habe ihn gewarnt, aber nun kommt es mir dumm vor, zu triumphieren. Sagen zu können: ich habe recht gehabt. Wir haben ja Zeit.
FRAU BORSIG: So viel Zeit, wie Sie zu haben glauben, haben Sie nicht: Sie denken von Tag zu Tag, von Jahr zu Jahr: jetzt kommt es, das, was das Leben genannt wird; aber es kommt nicht, dumpfer Staub legt sich über alles, und die Zeit blickt Sie an wie ein Reptil, von dem Sie nicht wissen, ob es stupide oder schlau ist. Und über Ihrem Leben wird stehen, was in seinem Dienstvertrag steht: Ihr Leben gehört der ORAMAG, Sie können die Buchstaben auswechseln, ganz wie Sie wollen – würfeln Sie das ABC aus: es ändert sich nichts.
FRANZISKA: Wenn Sie glauben, daß sich nichts ändert, warum kamen Sie her?
FRAU BORSIG: Gehen Sie keinen Schritt zurück, wie ich es getan habe: lassen Sie sich nicht einschläfern, kommen Sie nie zur Einsicht. Vielleicht tun wir manches, bei dem uns nicht wohl ist – schlimm wird es, wenn uns wohl dabei wird. Machen Sie nicht mit, wo der Stumpfsinn auf komplizierten Orgeln zelebriert wird.
FRANZISKA: War Robert sehr kläglich?
FRAU BORSIG: Er war nicht kläglich. Er hätte gar nicht mit ihnen reden sollen. Es lullt einen langsam

ein, indem man darüber spricht, es rieselt wie Sand; die Jahre tragen es einem zu, wie ein Fluß Schlamm ins Delta trägt. Man schluckt die Zeit, schluckt Jahrzente, die mit feinen Staubkörnchen angefüllt sind: Körnchen für Körnchen fällt es hinein und plötzlich spürt man ein bleiernes Sediment: Trägheit und Trauer, weil der Sieb nicht fein genug war. Dieser sanfte, dieser leichte Schmutz der allmählichen Einsicht… oh, sehen Sie. Es ist gar nicht schlimm, daß sie die Becher-Denkschrift geändert haben: schlimm ist, daß er die Notwendigkeit einsah. Gibt es etwas Dümmeres, etwas Unwichtigeres als so einen Beitrag zur Jubiläumsschrift eines Konzerns? Nein – es gibt nichts Dümmeres, aber es sollen ihre Dummheit alleine machen.

FRANZISKA: Ich will nicht – ich will nicht, daß sich die Welt dreht wie eine Walze, die Schablonen aus ihrer Öffnung preßt. Ich will nicht in eine solche Schablone fallen und finden, daß sie mir paßt wie ein Handschuh – ich will nicht einmal das feine Sieb sein, durch das die winzigen Körnchen fallen: Glas möchte ich sein, das nichts durchläßt. – Aber noch habe ich Zeit.

FRAU BORSIG: Noch *ist* es Zeit. Aber geben Sie acht: die Zeit hat Sie: eine Schlingpflanze, die sich unmerklich, aber flink an Ihnen hochwindet, und eines Tages wissen Sie, daß es eine Schlinge ist, in der Sie gefangen sind: sie preßt Ihnen die Luft ab, Sie ersticken an der Zeit – ach, ich weiß nicht, ob ich meinet- oder Ihretwillen zu Ihnen gekommen bin: geben

Sie acht, daß Sie nicht zugedeckt werden mit diesem feinen Schmutz der Einsicht: zuletzt werden Sie dann einsehen, daß Gott zu Recht gekreuzigt wurde... lassen Sie nicht zu, daß Robert daran teilnimmt. Denn Sie werden morgens jenen Brechreiz im Halse spüren, von dem Sie nicht wissen, woher er kommt.

FRANZISKA: Sie hätten dort warten sollen, um mir sagen zu können, wie er sich entschieden hat.

FRAU BORSIG: Ich kann es nicht mehr hören, kann sie nicht mehr sehen: ich werde bald weit wegfahren, aber ich wollte vorher noch mit Ihnen sprechen, es scheint mir der Mühe wert. Geben Sie acht: man wirft Ihnen ein Tuch über die Augen, dunkel und schwer – und ehe Sie Kraft gefunden haben, es aufzuheben und sich umzublicken, sind zehn Jahre vorbei: Etwas-vom-Leben-haben – so heißt dieses Tuch; Sie sitzen in der Dunkelkammer, tasten sich hilflos zurecht – dann erwachen Sie für einen Augenblick, aber schon hat man das zweite Tuch über Sie geworfen, und Sie hören im Dunkeln Gelächter: Kinder erziehen, Mutter sein, und wenn Sie das Tuch aufheben, sind wieder zehn Jahre vorbei und in dem einen hellen Augenblick sehen Sie fremde Geschöpfe, mit Pantotal gepflegt: Ihre Kinder – das dritte Tuch heißt wie das erste: Etwas vom Leben haben – fünfundvierzig sind Sie geworden, und so schnell ging alles vorbei und nichts blieb als der Schlamm, den die Jahre in dir ablagerten. (*Heftiger*) Laß ihn niedersinken, spucke ihn aus und wirf ihn zurück in die Zeit, schrei in das sanfte Gedudel der Orgel des Stumpfsinns hinein – *ich* schrie nicht, aber nun werde ich brüllen – noch ist ein wenig Zeit, es wird…

FRANZISKA (*unterbricht*): Ach, hören Sie auf, bitte – schon ist mir, als hätte ich jahrzentelang diesen Schlamm geschluckt, von dem Sie sprechen: ich habe Angst und ich fühle mich so schwer wie Blei – hören Sie auf, bitte. Ich hätte darauf bestehen sollen, daß er nicht hinging – man kann nicht ein bißchen im Sumpf spazierengehen: man bleibt ganz draußen oder versinkt. Ich habe recht gehabt, aber ich schäme mich, weil ich recht hatte. Es ist so dumm zu triumphieren, ich wünsche, ich hätte ihm anders helfen können als dadurch, daß ich bloß recht hatte – alles, was Sie sagen, wußte ich, nur wußte ich es nicht so genau – noch spüre ich den Brechreiz im Halse nicht, wenn ich erwache, sondern ich freue mich auf das Brot, das ich zum Frühstück bekommen werde. Wissen Sie wie Brot schmeckt – das, was Sie trockenes Brot nennen, wissen Sie es?

FRAU BORSIG: Ich habe es vergessen – ich weiß nicht…

FRANZISKA: Das ist schlecht: man sollte es nie vergessen, wie man es bricht – Brot – wie man die Zähne in die unebene, weiche Bruchstelle gräbt – wie man rings um den Mund die wunderbare, weiche Berührung des Brotes spürt, eine trockene Zärtlichkeit (*lacht*) – ach, und so manches: das Geräusch der Kaffeemühle am Morgen, die kleine ein wenig kreischende Orgel in der Küche, die von der Mutter gedreht wird – und im Nachbarhaus plärrt ein Kind. Nein, ich spüre den Brechreiz noch nicht, und ich werde Kinder haben, die meine eigenen sind –

FRAU BORSIG: Ich wünsche es Ihnen; es würde mir leid tun, wenn ich Sie sehr erschreckt hätte.

FRANZISKA: Oh, Sie haben mich genug erschreckt: Schlamm, den die Zeit in mir ablagert – und morgens der Brechreiz; dunkle Tücher, mir übers Auge geworfen: blind und voll Ekel der Zeit ausgeliefert – aber Sie, Sie haben wohl nie geweint, wenn Sie als Kind an

einem Wintertag vor dem Keller der Bäckerei hockten und der warme, süße Duft des frischen Brotes hochstieg –

FRAU BORSIG: Nein. Haben Sie geweint als Kind – vor der Bäckerei?

FRANZISKA: Ja. Ich hatte die Groschen in der Hand, um Brötchen zu holen, aber bevor ich in den Laden ging, kniete ich mich in den Schnee vor dem Kellerfenster, tauchte mein Gesicht in den Dunst – und ich weinte.

FRAU BORSIG: Warum weinten Sie?

FRANZISKA: Ich wieß nicht, warum... ich konnte es nicht ertragen, ohne zu weinen, und ich konnte nicht verstehen, daß die Bäckersfrau so gleichgültig war – und später, wenn ich zur Schule ging, stand der Bäcker in der Tür: müde, blaß und freundlich und rauchte eine Zigarette: da schämte ich mich...

FRAU BORSIG: Aber warum schämten Sie sich?

FRANZISKA: Ich weiß nicht –: seinetwegen – aber auch meinetwegen – ich schämte mich vielleicht, weil er mir unrecht tat – aber ich auch ihm; es ist, wie wenn ich im Kino weine. Robert sagt immer, daß ein Film niemals eine Träne wert sei.

FRAU BORSIG: Mein Gott, Sie weinen im Kino, aber mein liebes Kind… Sie sollten doch… (*lacht*) nein…

FRANZISKA: Ich weiß, daß ich es nicht tun sollte: ich habe unrecht, aber auch Robert hat unrecht,wenn er darüber lacht oder mit mir schimpft, es ist wie mit dem Bäcker – es ist wie mit dem Gedicht von der großen Flut. Finden Sie es wirklich schön?!

FRAU BORSIG: Ich finde es großartig.

FRANZISKA: Ich nicht: es mag schön sein, es mag gut klingen… und es ist ein Bild, ein gutes Bild, aber – ich weiß nicht – ich meine, es wäre ein weing Betrug dabei: wenn etwas wirklich schrecklich ist, dann muß man weinen – aber dabei kann ich nicht weinen: ich glaube, es ist ein Gedicht für Leute, die morgens mit Brechreiz erwachen, ich aber spüre den Brechreiz noch nicht.

FRAU BORSIG: Ich habe nie vor dem Fenster der Bäckerei, nie im Kino geweint, und ich weiß nicht mehr, wie Brot schmeckt – das, was wir trockenes Brot nennen.

FRANZISKA: Und haben Sie nie gefunden, daß die grellgefärbten Zuckerstangen so wunderbar rot, so wunderbar grün sind – wie grün sie waren, so sehr grün – das regte mich immer auf.

FRAU BORSIG: Ich durfte sie nie lutschen, weil sie so schädlich sind.

FRANZISKA: Sie sind nicht so schädlich wie der Staub, den Sie schlucken mußten. Sie sind (*unterbricht sich plötzlich*)… da kommt Robert.

(*Stille, in der plötzlich Schritte hörbar werden*)

FRAU BORSIG: Ich muß gehen. Lassen Sie mich schnell 'raus.

ROBERT: Sie sind hier? Ich bin froh, daß ich Ihnen danken kann.

FRAU BORSIG: Lassen Sie mich gehen, danken Sie mir nicht – sagen Sie lieber Franziska, was ist. Sie wartet.

ROBERT: Oh, es ist nichts – es ist so, wie ich sagte: dier Erinnerung an das, was nicht war, an den Nachmittag, der hätte sein können – diese Erinnerung fängt an, lebendig zu werden –

FRAU BORSIG: Auf Wiedersehen: Ich fühle mich dumm mit allem, was ich gesagt. Ich fühle mich überflüssig, wenn ich an die Tränen denke, die Sie vor dem Keller der Bäckerei geweint haben. Wenn ich Sie einmal wiedersehen dürfte, wäre ich froh.

FRANZISKA: Ich vergesse nicht: ich stelle den Filter auf "fein". Ich lasse die Körnchen nicht durch, und ich lasse die Zeit nicht über mich wachsen wie Efeu, sondern blicke ihr entgegen, wie einer Straße, in die ich hineingehe: Kinder plärren dort, Brot wird gebacken und Kaffeemühlen werden wie weinzige Drehorgeln gedreht: Liebe bricht in Hauseingängen über uns herein, der Bäcker lächelt hilflos, wenn er meine Tränen sieht: er schämt sich – undich schäme ich und weiß nicht, warum.

FRAU BORSIG: Auf Wiedersehen: wenn Sie einmal Zeit haben, laden Sie mich zu Brot ein oder zu Tränen im Kino.

FRANZISKA: Auf Wiedersehen.
ROBERT: Auf Wiedersehen.
(*Tür wird geöffnet und geschlossen*)
FRANZISKA: Ich wage gar nicht, dich zu fragen.
ROBERT: Was hast du getan die ganze Zeit über?
FRANZISKA: Ich habe im Fenster gelegen und gewartet. Ich kenne kein schöneres Zimmer als dieses: ich sehe den Bahnhof, höre ihn, rieche ihn – und die murmelnden Stimmen dort unten sagen Dinge, die wie Geheimnisse klingen, aber keine sind: Zahlen, Ortsnamen, Nummern – und es schien mir plötzlich, als wüßte ich, daß die große Flut nicht kommt. Als Frau Borsig kam, hatte ich Angst: wenn sie sprach, war es mir, als würde ich mit Tod beworfen, Tod, mit Trauer parfümiert, Ekel, mit Lavendelwasser überspritzt, Brechreiz, der nach Kaviar schmeckt: sie hat recht, wie der Bäcker, der über den Geruch des Brotes nicht weinen kann – *ich* aber knie außerhalb des Kellers im Schnee, und ich weine über das Brot, weil es so süß durftet, und über den Schnee, weil er so weiß ist... und du?
ROBERT: Ich habe mich nicht gelangweilt: sie sind schlau, und das Merkwürdige ist: eine Trauer liegt über ihnen, die einen schwach machen könnte: aber sie sind weder schlau noch traurig genug – ich kann nicht tun, was sie von mir wollen: selbst wenn ich wollte, ich könnte es nicht: ich sehe sie, sehe die Leute, die auf meine Geschichte hin 2,10 Mark auf irgendeine Theke legen: Geld, für das sie hätten Brot kaufen, ins Kino gehen oder Zigaretten holen kön-

nen, Geld, das sie hätten verschenken können: Geldstücke türmen sich vor meinen Augen zu schlanken Pyramiden, Groschen wimmeln wie eine Kolonie Ungeziefer. Dr. Borsig sagte: Sie sehen zu weit, Sie sehen zu tief – aber man kann nicht weit, kann nicht tief genug sehen – noch sehen sie alle die Lippen der Frauen rot, sehen das Gras grün… soll ich ihnen einreden, sie sähen die Lippen grün und das Gras rot? Die Angst müßte vergrößert werden, sagte Söntgen, aber die Angst ist groß genug; ich kann nicht den billigen Trost schenken – aber weniger noch kann ich die billige Angst vergrößern… aber du, was hast du erwartet von mir?

FRANZISKA: Ich hatte Angst, aber die ganze Zeit über habe ich gehofft auf das, was jetzt erfüllt worden ist: daß der zurückkommen sollte, für den ich dich hielt.

Boldan Kimlensky

Seine »Kleine Kosmologie der Teetasse« ist ein Meditation über ein Restchen, ein Lebenslauf, wie wir ihn zu sehen (noch) nicht gewohnt sind. Auch in der Teetasse: Panta rei – alles fließ!

Sichtbar ist: der Einschuß Milch in der Teetasse. In der Mitte, die auf und ab schwang, nachdem einige Tropfen aufgesprungen waren, ist die Decke so gleich weiß; darum hob sich unter Wellen eine Wolke aus der Schwärze herauf, die der Tassenboden umgelenkt hatte. Sie schob sich weißlich unter den Flüssigkeitsspiegel aus Dunkel und Hell und triftete dem Rand zu auseinander, bis viel schwarzer Tee unterlaufen war von Milch. Noch leicht zitternd rissen in die blasse Decke Löcher.

Wieder schwoll Tee, emporgesogen von der weißen Dichte, in Schwaden lösten die Medien einander ab. Die Mitte verschwand, verlor sich in Farbenwechseln. Die Flüssigkeit ist eben geworden, darüber hat die feste Tasse einen geschwitzten Rand erhalten. Die Konsistenzen ziehen dünner durcheinander. Die Wirbel verwischen. Die Fäden schlieren ineinander, aneinander verschmelzen sie in der restlichen Bewegung. Ihr Stillstand bedeutet ihre Auflösung.

In dieser Tasse, in der alles fließt, fließt auch alles in einander. War es mehr Milch oder mehr Tee, daß nun ein hellerer Spiegel am Tassenrand steht? Der Tee war durchscheinender als die fette Milch, so daß der Tee mit Milch beige die Tasse erfüllt. Oberhalb von ihnen hat der Dampf keine Farbe gewonnen, nur dünner zieht die Fahne von der Oberfläche ab. Eine andere Bewegung hat begonnen.

Mit dem langsamen Verdunsten wird morgen, gegen Abend etwa, ein krustiger Rand des Pegels von heute zu bemerken sein. Wieder danach, übermorgen, wird die Spanne sich gedehnt haben, und weiter wird die runde Fläche sich senken, während der Tee mit Milch seine Bewegung in die Luft hebt, unbemerkt. Ein unendlich feiner Dunst. Er verbreitet sich über dem längst erkalteten Tasseninhalt, der sich auflöst. Die Luft nimmt ihn auf, weht die verschwindenden Teemitmilchnebel ab, macht sie nochmals verteilter. Und selbst dringt sie an die schwindende braune Grenze, durchsetzt sie.

Sie dringt ein, ohne daß es schwappte, ohne daß es spritzte oder auch nur leichtest zitterte. In einer Woche hat sich Schimmel angesetzt, unmerklich erst, und hat die Schicht Grau gelb bedeckt. Der rasch stürzende Schuß Milch aus einer Kanne auf die ehemals schwarzbraune Fläche ist lang vergessen; von den fallenden Drehungen des gegossenen Strahls blieb nichts erhalten. Und nun ist auch die unsichtbar steigende Bewegung des Tees mit seiner Milch beendet. Wieder eine andere setzt ein.

Horst Hammitzsch

Er folgte der Einladung eines großen Tee-Meisters in Nagoya und schrieb daraufhin das Standardwerk »Zen in der Kunst der Tee-Zeremonie«. Eine eindrückliche Beschreibung des Weges in die Welt der Stille

Ein wundervoller Herbsttag, hoch und klar der Himmel, leuchtend in ihrem tiefen Rot die Blätter des Zwergahorns. Das gelbe Laub der Gingko-Bäume, die den Garten gegen eine Hügelkette abschließen, strahlt noch die Wärme des sich neigenden Tages wider. Ich habe den Vorhof des Hauses, den eine weißgetünchte, mit blaugrauen Ziegeln abgedeckte Mauer abschließt, verlassen und folge einem mit großen, runden und dunkelfarbenen Kieseln belegten Weg. Dann trete ich durch eine aus Bambus geflochtene Pforte in den Garten. Hier verhalte ich meine Schritte. Ist dieser Garten wirklich eine von Menschenhand geschaffene Welt? Eine bezaubernde Landschaft ist er, wie man sie in den Küstentälern der japanischen Inseln findet, eine Landschaft, die alle Eigenarten dieser Täler widerspiegelt. Man vermeint in der Ferne das Rauschen des Meeres zu hören, dem Spiel des Seewindes in den Zweigen uralter Kiefern zu lauschen.
Ich folge dem Pfad, und er führt zu einer einfachen, schindelgedeckten Hütte, die sich eng einem

Bambushain anschmiegt. Dunkelgrünes Moos quillt zwischen den Schindeln hervor. Eine verschwiegene Heimlichkeit atmet der Platz. Ich bin der erste Gast, der dieses Wartehäuslein – *machiai* – betritt. Hier werde ich mit den anderen Gästen, die mein Freund, der Tee-Meister, geladen hat, zusammentreffen, um dann gemeinsam die Tee-Zeremonie, *chanoyu*, zu erleben.

Das Wartehäuslein ist nach der Gartenseite hin offen. Eine einfache Bambusbank steht darin. Ein paar aus Stroh geflochtene Sitzkissen liegen darauf. Daneben steht ein Rauchzeug. Ich setze mich nieder und schaue in den Garten hinaus. Da und dort stehen Steingruppen, Moos und Zwergbambus wuchern dazwischen. Buschen wilder Feldastern lassen ihre weißen, lila und dunkelroten Blütensterne zwischen den Stämmen der Bäume leuchten. Ein schmaler Wasserlauf läßt sein kristallklares Wasser munter über bunte Kiesel eilen, ein Sinnbild der Vergänglichkeit alles irdischen Seins. Im milden Herbstwind neigen sich die Rispen des Pampasgrases. Hinter schon herbstlich gelichtetem Laubwerk der Büsche verrät kunstvoll-einfaches Holzwerk das Dasein einer kleinen Brücke. Ein Bild stiller Einsamkeit, weltabgewandter Beschaulichkeit – dieser Garten!

Bald erscheinen auch die anderen Gäste. Vier an der Zahl kommen noch. Ein alter Gelehrter würdiger Haltung, ein bekannter Maler mit seiner Frau und ein Kaufmann, der ob seines feinen Geschmacks als Kunstsammler einen Ruf genießt. Mit einem tiefen

Neigen des Oberkörpers begrüßen wir uns. Der Worte werden nur wenige gewechselt. Wohl fällt hier und da ein Lob über die Anlage des Gartens, über die Schönheit der herbstlichen Farben, über den gewählten Geschmack unseres Gastgebers. Zumeist aber verharren wir in einem schweigenden Genießen, das diese Stunde zu einer solchen innerer Sammlung werden läßt, deren Feierlichkeit durch das sanfte Rauschen der sich im Winde bewegenden Bambusblätter nur noch vertieft wird.

Das gastfreie Haus meines Freundes, in dem ich schon so oft unterhaltende und fröhliche Stunden verlebte, erscheint mir heute nicht wie sonst. Die großen Eingangspforten hatten sich nicht geöffnet. Die Schar der Dienstboten stand nicht wie üblich zum Empfang der Gäste bereit. Allein der alte Hausmeister in einem feierlichen dunkelfarbenen Kimono hatte mich heiter empfangen und fast ohne ein Wort des Grußes zu der kleinen Seitenpforte geleitet, die den Pfad nach dem Wartehäuslein öffnet. Dort verabschiedete er sich mit einer stummen Verbeugung und zog sich zurück. Und der Gast folgt allein und ungeleitet dem schmalen Pfad, der durch die Schönheit des Gartens hin zu dem einsam-verschwiegenen Warteplatz führt. Und ein jeder Schritt in die Tiefe des Gartens läßt die Alltagswelt, ihre Hast und Geschäftigkeit, in unserem Herzen verdämmern. Man schreitet in eine Welt hinein, die frei von alltäglichen Bedrängnissen ist, vergißt das Woher und forscht nicht nach dem Wohin. Je tiefer man in den Garten hineinschreitet, hinein in diese Welt ernster Beschaulichkeit, desto freier wird man von den Sorgen des Alltags. Auch die anderen Gäste scheinen andere Menschen geworden zu sein. Der sonst so stille Gelehrte ist aufgeschlossener, der Maler ohne die kraftvolle Neigung zu kunstkritischer Streiterei und der Kaufmann ohne Sorge um geschäftswichtige Abschlüsse. Sie alle haben Dinge, die sonst vom frühen Morgen bis zum späten Abend des Alltags von ihnen Besitz ergreifen, vergessen, abgestreift und ergeben sich vorbehaltlos dieser Welt der Stille, der inneren Freiheit.

Nach einer Weile des Wartens erscheint auf dem Pfad, der aus dem Bambushain herauskommt, unser Gastgeber. Feierlich-ernst schreitet er heran. In einem gemessenen Abstand vor uns Gästen verharrt er, verneigt sich tief. Das ist die Begrüßung, kein Wort, keine andere Bewegung. Dann wendet er sich und kehrt den Pfad zurück. Er ist nunmehr bereit, seine Gäste zu empfangen. Das wollte er damit sagen.

Ein Augenblick der Stille folgt. Dann verbeugt sich der *shôkyaku*, der Hauptgast, gegen die anderen Gäste uns folgt den Gastgeber nach. In unbestimmter Reihenfolge und in kleinen Abständen schließen sich die anderen Gäste an. Ich verlasse als dritter Gast das Wartehäuslein.

Der Pfad durchquert zuerst ein kurzes Stück den Bambushain. Hier schrillen die Zikaden ihr letztes Lied. Dann führt ein Hang den Pfad sanft abwärts.

Büsche des Süßklees haben rechts und links des Pfades ihre weißrosa Blüten geöffnet. Kein Gartenweg im europäischen Sinne ist dieser Pfad. Einzelne Steine, in Abständen von Schrittlänge einander folgend, leiten den Gast. *Tobiishi*, Trittsteine, nennt man sie. Zwischen den Steinen wuchert reich grünes Moos und dichtes Shibagras. Andere Pfade kreuzen den unseren. Ein kleiner Stein, jeweils auf einen der Trittsteine gelegt, weist dem Dahinschreitenden, welche Richtung ihm versperrt ist. Diese kleinen Steine, *tomeishi* genannt, sind unüberwindbare Grenzschranken. Langsam folge ich den Windungen des Pfades, hier und da zögernd, um die kunstvoll-natürlich angelegten Ausblicke auf die Gartenlandschaft zu genießen. Sie lassen das Künstliche ihres Seins nicht einmal mehr erahnen. Auf der Brücke überquere ich den Wasserlauf und stehe dann vor einem großen flachen Stein. Ein Becken ist hineingehauen, und aus einem Bambusrohr fließt leise plätschernd frisches Quellwasser zu. Ein einfacher Bambusschöpfer liegt neben dem Becken. Ein wenig entfernt davon erhebt sich eine altersgraue Steinlaterne mit einem sanft geschwungenen, flechtenbehangenen Dach.

Ich hebe den Schöpfer auf, tauche ihn in das Wasser des Beckens, fülle ihn und nehme einen Schluck seines Inhalts, um mir den Mund zu spülen. Den Rest des Wassers lasse ich über meine Hände rinnen. So vollziehe ich symbolisch eine Reinigung. Nun ist auch der Staub jener irdischer Welt, der mir noch anhaften könnte, hinweggespült. Rein und frei kann ich in jene Welt des Tees, jene Welt der Stille eingehen.

Noch ein paar Schritte nur, und da – ich muß verweilen – welch ein Zusammenklang von Kunst und Natur, welch eine unvollkommen-vollkommene Einheit! Da steht er, der *chashitsu*, der Tee-Raum. Ausdruck eines unbenennbaren Geschmacks: kunstvoll und doch nicht künstlich, bewußt erschaffen und

doch so rein in seiner Form und so natürlich in seinem Material, daß es dem Auge fast unglaubhaft erscheint. Kann menschlicher Schöpfergeist ein so naturgewachsenes Werk erschaffen? Man könnte den Tee-Raum eine Hütte nennen, wenn er diese außerordentliche Feinheit des Geschmacks zeigte. Ein Strohdach, tief herabgezogen, dick bemoost. Die Dachtraufe – ein halbiertes Bambusrohr. Die Wände halb mit Schilfgeflecht verkleidet, halb mit Lehm beworfen. Der Eingang eine niedere Schiebetür mit Reispapier von makelloser Weiße bespannt. Davor der Schwellenstein.

Gebückt schlüpfe ich in den Tee-Raum, schreite langsam auf die Bildnische – *tokonoma* – zu, die der Tür schräg gegenüber liegt, lasse mich davor auf die Knie nieder und verbeuge mich tief nach dem Boden hin. Dann betrachte ich die in der Nische stehende Blumenanordnung. In einer Bambusvase ein Zweig roter Beeren vor herbstlich gefärbtem Laub, an dem noch, Tautropfen gleich, Wasserperlen hängen. Danach verbeuge ich mich wieder leicht, erhebe ich

mich und suche mir meinen Platz neben dem vor mir gekommenen Gast. Die Gäste sitzen mit dem Rücken gegen die mit weißem Reispapier bespannten Schiebetüren, die den Tee-Raum nach dem Garten zu abschließen.
Der Gastgeber erscheint erst, wenn die Gäste vollzählig versammelt sind. So bleibt mir Muße, den Raum zu betrachten. Vier und eine halbe *tatami*, mit einem feinen Binsenbezug abgedeckte Reisstrohmatten, bedeckten den Fußboden und normen gleichzeitig die Größe des Tee-Raums auf ungefähr drei Meter im Quadrat. Die Blumen in der *tokonoma* bilden den einzigen Schmuck. In der Mitte des Raumes ist ein Stück *tatami* ausgespart. Dort befindet sich die mit dunklem Holz eingefaßte Feuergrube. Ein Kegel fein zusammengebürsteter Asche verhüllt darin zur Hälfte die glühenden Holzkohlen. Auf einem Dreifuß steht ein schwerer eiserner Kessel über dem Feuer, dessen Farbton ein hohes Alter verrät. Auf einem kleinen Standbrett sehe ich einen Weihrauchbehälter und eine kleine Fegefeder liegen. Sonst ist der Raum schmucklos. Es sei denn, man betrachtet die gewählte Maserung des Holzwerks, das die dunklen Wandflächen abteilt, und die hölzerne Deckenverkleidung als Schmuck.
Als wir Gäste eine leise Unterhaltung beginnen, ein Zeichen, daß wir mit unseren Betrachtungen zu einem Ende gekommen sind, betritt der Gastgeber den Teeraum. Er kommt durch eine Schiebetür, welche den der Vorbereitung zur Tee-Zeremonie die-

nenden Raum, den *mizuya*, abtrennt, herein. Niederkniend verneigt er sich tief vor seinen Gästen. Dann verschwindet er wieder durch die Tür, um sofort mit verschiedenem Gerät, einem Korb mit Holzkohle, Aufheberingen, den Kessel vom Feuer zu heben, und anderen Dingen wiederzukehren. Auch eine Schale, welche feine Asche enthält, bringt er herein. Dann läßt er sich an der Feuergrube nieder, hebt den Kessel vom Feuer, richtet das Feuer neu und häuft

von der Asche um die Kohlen auf. Auch Weihrauch streut er in das Feuer. Wir alle sind während seines Tuns näher an die Feuerstelle herangerückt und haben aufmerksam zugeschaut. Nun begeben wir uns auf unsere alten Plätze zurück. Der Hauptgast bittet den Tee-Meister, das Weihrauchgefäß näher betrachten zu dürfen. Dieser bringt das Gefäß zum Platz des Gastes und setzt es bedachtsam auf sein *fukusa*, ein kleines, braunseidenes Tuch, nieder. Dieses Tuch spielt bei der Betrachtung von Teegerät als Unterlage eine wichtige Rolle. Der Hauptgast entfaltet sein eigenes *fukusa*, es zeigt sattes Lila, und nimmt das Gefäß auf sein Tuch herüber. Dann betrachtet er es eingehend, und anschließend geht es von Gast zu Gast, bis der letzte es dem Gastgeber dankend zurückreicht. Dieser begibt sich wieder in den *mizuya*, um nach seiner Rückkehr anzukündigen, daß das "einfache Mahl" nunmehr aufgetragen wird. Fünfmal bringt er je ein einzelnes Tablett, einem jeden Gast der Reihe nach eins. Die Zahl der Gänge ist geringer als bei einem der üblichen japanischen

Festmähler, aber dafür sind die Speisen von ausgewählterer Qualität und mit feinstem Geschmack angerichtet. Auch das Eßgeschirr verrät einen erlesenen Geschmack. Mit einer leichten Verbeugung empfangen wir die Tabletts und nehmen sie mit beiden Händen vom Gastgeber entgegen. Das Getränk ist heißer *sake*, Reiswein. Zum Abschluß werden Süßigkeiten gereicht. Damit ist das Tee-Mahl, *kaiseki*, beendet. Mit einer Verbeugung bittet der Gastgeber seine Gäste, sich ein wenig auszuruhen, und zieht sich zurück. Wir verlassen in der gleichen Reihenfolge unseres Kommens den Tee-Raum, nachdem wir uns nochmals vor der *tokonoma* verneigt haben, und begeben uns nach dem Wartehäuslein zurück.

In dem Wartehäuslein beginnt ein Gespräch, und der eine oder andere Gast zündet sich wohl auch eine Zigarette oder eine kleine japanische Pfeife an. Doch nach kurzem Warten schon klingeln Gongschläge vom Tee-Raum herüber – eindringlich, langanhaltend, fünf an der Zahl. Unser Gespräch verstummt beim ersten Schlag und macht einer stillen Feierlichkeit Platz. Man fühlt sich in einen Zen-Tempel versetzt, der irgendwo in einer Bergschlucht verschwiegen steht. Weihevoll ist die Stimmung.

Auch jetzt schreitet der Hauptgast als erster den Pfad zum Tee-Raum zurück. Wir anderen folgen in der gleichen Reihe wie vorher. Zwischen den Steinen und am Wege stehen hier und dort kleine Bambuslaternen, denn die Dämmerung hebt an. Am Wasserbecken übt ein jeder nochmals die Reinigungszeremonie und betritt dann wieder den Tee-Raum. Dort haben die Blumen in der Bildnische einem Hängebild Raum gegeben. Es stellt einen Besen aus Bambusreisern dar und ist eine einfache Schwarzweißzeichnung. Über dem Feuer der Feiergrube summt das Wasser im Kessel leise. Auf den *tatami* stehen am vorgeschriebenen Platz ein *mizusashi*, ein Gefäß für das Wasser, und die *cha'ire*, die Tee-Büchse. Wenn alle Gäste anwesend sind, erscheint

der Tee-Meister. Er trägt mit beiden Händen die Teeschale. In der Teeschale liegt der *chasen*, der Teeschläger, ein aus Bambus gearbeiteter Pinsel, und das *chakin*, ein weißes, schmales Leinentuch. Quer über der Teeschale liegt der Teelöffel, *chashaku*. Beim zweiten Hinausgehen bringt er einen Wasserbehälter für gebrauchtes Wasser, *koboshi*, die Wasserschöpfkelle, *hishaku*, und die Deckelstütze, *futa'oki*, für den heißen Deckel des Wasserkessels. Der Teeschläger, das weiße Leinentuch, und die Wasserschöpfkelle sind neu und leuchtend frisch. Das andere Teegerät weist ein hohes Alter auf und zeugt von einem hochentwickelten künstlerischen Geschmack. Der Meister setzt sich in der vorgeschriebenen Haltung nieder, und die eigentliche Zeremonie beginnt. In einer genau festgelegten Folge von Handgriffen und Bewegungen werden die einzelnen Geschehnisse in ihrer Aufeinanderfolge ausgeführt. Das Falten des Teetuches, das Halten des Wasserschöpfers, das Ausspülen der Teeschale mit heißem Wasser, das Öffnen der Tee-Büchse, das Abklopfen des Tee-

löffels, die Bewegungen des Teeschlagens – traditionell ist all dies festgelegt und wird streng nach den Regeln der jeweiligen Schule vollendet.
Während sich der Gastgeber der ersten Zubereitung zuwendet, nimmt der erste Gast von dem angebotenen süßen Kuchen und reicht den Kuchenbehälter in vorgeschriebener Form an den nächsten Gast weiter. Dann stellt der Gastgeber die Schale mit dem geschlagenen, dicken grünen Tee vor dem Gast nieder. Es folgen gegenseitige Verneigungen und auch eine solche des ersten Gastes gegen den neben ihm sitzenden nächsten, gleichsam Entschuldigung erbittend, daß er vor ihm trinkt. Erst dann nimmt er die Teeschale, stellt sie auf die Fläche der linken Hand und stützt sie mit der rechten. Er nimmt einen Schluck, einen zweiten und einen dritten, jedesmal die Schale leicht schwenkend. Mit einem dünnen weißen Papier fährt er dann reinigend über die Stelle des Randes, von der er getrunken hat, und gibt die Schale dem nächsten Gast weiter, wobei wieder die nötigen Verbeugungen gewechselt werden. Und so geht es reihum. Man lobt den Geschmack des Tees, seine Stärke, seine Farbe, und spricht von Dingen, die den Gastgeber mit Freude erfüllen. Jedwedes Gespräch im Tee-Raum verläuft fern von den Alltagsdingen. Man spricht von Malern, Dichtern, Tee-Meistern und ihren Werken, vom Geschmack und der Anschauung verschiedener Zeiten, von auserlesenem Teegerät. Ist die Zeremonie beendet, so bittet der erste Gast, das Teegerät besichtigen zu dürfen.

Und nun beginnt eine ins einzelne gehende Besichtigung der Teeschale, der Tee-Büchse und des Teelöffels. Frage und Antwort geht zwischen Gästen und Gastgeber hin und her. Wir erkundigen uns nach der Herkunft und Geschichte des Teegeräts, nach dem Namen des Künstlers, der es schuf, denn ein jedes gutes Stück hat seine ureigene Geschichte. Die heute gebrauchte Teeschale ist eine einfache, elfenbeinfarbene Schale mit einer Überlaufglasur eines mattgrünen Tons. Erst als ich höre, daß sie schon seit zweihundert Jahren in der Familie ist, daß ein Vorfahr sie von seinem Lehnsherrn für eine denkwürdige Tat geschenkt erhielt, kann ich den Wert begreifen. Eine selten-schöne Lackarbeit stellt die Teebüchse dar. Der Wert des Teelöffels – ein einfacher, schmaler Bambuslöffel – bleibt mir noch verborgen.

Was blieb mir von dieser ersten Tee-Zeremonie? Sie ließ ein eigenes Gefühl entstehen und erinnerte mich an ein Erlebnis, das ich vor Jahren einmal in der Heimat hatte. Wir waren in Süddeutschland gewandert und besuchten eine der oft einen so eigenen Reiz besitzenden Dorfkirchen. Mit uns war ein Freund, Musiker von Beruf und Berufung. Er setzte sich an die Orgel und spielte Bach. Und plötzlich fühlte ich, wie die Musik die ganze Weite der Kirche erfüllte, wie der Raum schwand und nur noch die Flut der Töne vorhanden war. Auch ich war gleichsam aller Körperlichkeit entblößt, von der Musik aufgesogen. Hier hatte ich ein gleiches Erlebnis. Die

Wirkung der Tee-Zeremonie war so stark, daß ein Gefühl der Selbstaufgabe, ein Gefühl des Eins-Seins mit allen anderen, ein Gefühl einer eigenen Zufriedenheit mit mir selbst und der Umwelt erwuchs…

Charlotte Brontë

Seitens »Jane Eyre« erhält die Fraktion derjenigen, die für Kuchen als Beigabe zum Tee plädieren, eine starke Phalanx. Wird Oscar Wilde sich umstimmen lassen? Wie wird Marcel Proust reagieren?

Sie umarmte mich und behielt mich an ihrer Seite. Wie gerne verharrte ich dort, da mich der Anblick ihrer Gestalt, ihrer schönen Kleidung und vor allem ihres lieblichen Gesichts entzückte.

"Und wie geht es dir heute abend, Helen Burns?" wandte sie sich an meine Gefährtin. "Hast du heute viel gehustet?"

"Nicht so sehr viel, Miss Temple."

"Und die Schmerzen in der Brust?"

"Sind etwas besser."

Miss Temple erhob sich, nahm ihre Hand und fühlte den Puls; dann nahm sie ihren Platz wieder ein, ich hörte sie seufzen. Sie versank eine Weile in tiefes Sinnen, raffte sich dann auf und sagte fröhlich: "Ihr beide seid heute abend meine Gäste, das muß gefeiert werden." Sie klingelte.

"Barbara", sagte sie zu dem Mädchen, das daraufhin erschien, "ich habe noch keinen Tee getrunken, bringen sie auch zwei Tassen für die beiden jungen Damen."

Bald wurde der Tee angerichtet. Wie hübsch nahmen

sich die Porzellantassen und der schimmernde Teetopf auf dem kleinen Tisch vor dem Kamin aus! Wie duftete das Getränk, wie gut roch das Röstbrot! Es erschien mir nur etwas wenig, denn ich hatte Hunger bekommen. Miss Temple merkte es auch.

"Barbara", sagte sie, "können Sie noch etwas mehr Brot bringen? Es ist nicht genug für drei."

Barbara fing sich und kam sogleich wieder mit dem Bescheid, Mrs. Harden habe das gewohnte Quantum heraufgeschickt. Mrs. Harden war eine Haushälterin nach Mr. Brocklehursts Herzen, hart und unnachgiebig.

"Gut, gut", meinte Miss Temple, "dann muß es eben so gehen, nicht wahr, Barbara. Zum Glück habe ich noch etwas in Reserve für solche Fälle", fügte sie lächelnd hinzu, nachdem das Mädchen gegangen war. Und während wir schon vor unsrer duftenden Tasse Tee saßen, holte sie aus einer Schublade ein geheimnisvolles Paket, aus dem sie vor unsren Augen einen verlockenden Kuchen wickelte.

"Ich wollte jeder von euch etwas davon mitgeben, aber nun so wenig Toast da ist, müßt ihr es zum Tee essen."

Das war ein Schmaus! Eitel Nektar und Ambrosia! Miss Temple lächelte beglückt über den ansehnlichen Appetit, den wir bei der Vertilgung ihres herrlichen Kuchens entwickelten.

Nachdem unser Hunger gestillt und das Teebrett entfernt worden war, setzten wir uns wieder ans Feuer, zu beiden Seiten von Miss Temple, und nun entwickelte sich zwischen ihr und Helen eine Unterhaltung, die mir unvergeßlich geblieben ist.

Ernst Jandl

Er nimmt sich die dichterische Freiheit ”ein stück : tee“ zu bereiten – das wir unsererseits auf der nächsten Seite Herrn »lenin im winter« servieren

tee : ein stück

:
:
lieber : tee
:

[egal] :
ich : tee
:

:
fragt :
[er nie] : tee
:

lenin im winter

die revolution
die schneevolution
die teevolution
der schnee
der tee
die rehe

Amy Tan

»Die Frau des Feuergottes« berichtet von einer Erbschaft. Zu ihr zählt ein Vorrat an Tee, das Pfund zu 100 Dollar – und bei diesem Tee läßt sich trefflich der verstorbenen Großtante gedenken

Meine Mutter steht draußen vor dem Haus, als wir zum zweiten Mal vorfahren.

"Ich wollte euch nachlaufen, aber ihr wart zu schnell", sagte sie, sobald ich ausgestiegen bin. "Und dann dachte ich mir schon, ihr erinnert euch dran und kommt nochmal zurück." Tessa und Cleo rennen bereits die Treppe hinauf.

"Erinnern uns woran?"

"Na, an Großtante Dus Abschiedsgeschenk! Vor zwei, drei Tagen hab' ich dir schon gesagt, vergiß es nicht, und gestern noch mal. Hast du's vergessen?"

"Natürlich nicht", behauptete ich. "Wo ist es denn?"

"Drinnen, in der Waschküche. Ist aber sehr schwer. Besser, wenn dein Mann es rausträgt." Ich kann mir schon vorstellen, was es ist: die alte Vinylcouch, auf der Großtante Du immer die Füße hochlegte, der vielleicht auch ihr gräßliches Service aus angeblich unzerbrechlichem Porzellan. Während wir darauf warten, daß Phil mit den Mädchen wiederkommt, nötigt meine Mutter mir schnell noch eine Tasse

Tee auf. "Ist schon fertig aufgebrüht. Wenn du ihn nicht trinkst, muß ich ihn wegschütten."
Ich nehme ein paar hastige Schlucke. "Oh, der ist aber wirklich gut!" Ich meine es ehrlich. Noch nie habe ich so köstlichen, aromatischen Tee probiert.
"Der stammt von Großtante Du", erklärt meine Mutter. "Sie hat ihn vor ein paar Jahren für sich gekauft. Das Pfund zu hundert Dollar."
"Das gibt es doch gar nicht!" Ich nehme noch einen Schluck. Es schmeckt immer besser.

"Sie hat mir gesagt: Wenn ich mir billigen Tee kaufe, heißt das, mein ganzes Leben ist nichts Besseres wert. Also hat sie beschlossen, sich den besten Tee zu leisten, und wenn sie ihn trank, fühlte sie sich ganz reich."
Ich muß lachen, was meine Mutter offenbar ermunterte, fortzufahren. "Aber dann dachte sie sich: Wenn ich nur ein bißchen Tee kaufe, heißt das, mein Leben ist schon fast vorbei. Also hat sie gleich so viel gekauft, daß es noch für ein zweites Leben reicht. Drei Pfund, stell dir das mal vor!"
"Das sind ja dreihundert Dollar!" staunte ich. Großtante Du war die genügsamste Person, die ich je gekannt habe. "Weißt du noch, wie sie immer die Pralinenschachteln aufhob, die wir ihr zu Weihnachten schenkten? Sie fand immer, sie wären zu gut zum Essen! Und dann hat sie uns mal zu Thanksgiving eine davon zurückgeschenkt. Die war aber schon so alt..."
Meine Mutter nickte lachend.

"... daß die Pralinen ganz vergammelt waren!"
"Und mit Würmern drin!" ergänzte meine Mutter.
"Da hat sie dir jetzt also den Tee vererbt?" fragte ich.
"Sie hat ihn mir schon vor ein paar Monaten geschenkt. Sie war sicher, sie würde bald sterben. Hat's zwar nicht direkt gesagt, aber immer mehr Sachen verschenkt, gute Sachen, nicht bloß alten Kram. Eines Tages war ich mal wieder bei ihr zu Besuch und hab gesagt 'Mhm, guter Tee!', wie immer, da ging sie in die Küche und kam mit dem Tee zurück. 'Syau ning' hat sie gesagt, 'nimm den Tee gleich mit.' So hat sie mich immer schon genannt, *syau ning*, kleine Person.
'Nein, nein', hab ich sofort gesagt, 'das wollte ich damit nicht andeuten!' Aber sie hat gesagt: '*Syau ning*, nimm ihn jetzt, damit ich sehen kann, wie du dich daran freust, solange ich noch am Leben bin. Manche Dinge können nicht warten, bis ich tot bin.' Wie konnte ich das ablehnen? Aber natürlich hab ich ihr den Tee bei jedem Besuch wieder mitgebracht."
Als Phil mit Tessa und Cleo zurückkommt, tut es mir richtig leid, daß wir schon gehen müssen.
"Jetzt sollten wir aber machen, daß wir loskommen!" drängt Phil zum Aufbruch. Ich setze die Teetasse ab.
"Vergiß nicht, Großtante Dus Geschenk ist noch in der Waschküche", sagt meine Mutter, an Phil gewandt.
"Ein Geschenk?" ruft Cleo erfreut. "Für mich auch?"
Phil wirft mir einen überraschten Blick zu.

"Du weißt schon", lüge ich. "Ich habs dir doch erzählt – Großtante Dus Erbstück."
Er zuckt resigniert die Achseln, und wir folgen meiner Mutter in die Waschküche.
"Sind natürlich nur alte Sachen", meint meine Mutter entschuldigend. Sie knipst das Licht an, und da sehe ich das Prachtstück schon auf dem Wäschetrockner stehen. Es ist der Schrein von Großtante Dus Glücksgott, die chinesische Krippe.

"Wow!" ruft Tessa entzückt. "Ein chinesisches Puppenhaus!"
"Ich seh' nichts! Ich seh' nichts!" jammert Cleo. Phil hebt den Schrein vom Wäschetrockner und trägt ihn in die Küche.
Der Kasten sieht aus wie eine aufrecht stehende Schublade aus rotem Lack und ähnelt einer Miniaturbühne für ein chinesisches Theaterstück. Die Vorderseite ist mit zwei zierlichen Säulen und zwei rotgoldenen elektrischen Plastikkerzen dekoriert, auf denen rote Christbaumkugeln stecken. Die beiden hölzernen Seitenflügel sind mit goldenen chinesischen Schriftzeichen bemalt.
"Was steht da drauf?" frage ich meine Mutter.
Sie fährt mit dem Zeigefinger erst den einen, dann den anderen Seitenflügel hinunter. "*Jye shiang vu yi.* Das erste Wort bedeutet Glück, dieses hier noch eine andere Art von Glück, und diese beiden: 'Alles, was man sich wünscht.' Alle Arten von Glück, alles was man sich wünscht."

Thorsten Casmir

Eine der finstersten Inseln der Literatur ist die fiktive Insel »Ohnsgrond«: Der junge Arzt Finn, der die dortige Landbevölkerung versorgen soll, erlebt schon bei der Überfahrt einen traurigen, rauhen, kalten Landstrich, dessen Menschen nur seltene und kleine Freuden haben – wie eine Tasse Tee mit Rum

Ob ich Ohnsgrond kenne, fragte er mich, beantwortete aber dann seine Frage selbst.

Na, Sie werden's ja sehen!

Die Maate nannten ihn "Kapitän Jolle" oder einfachen "Jollen". Einer der Maate war nach einer Weile zu uns heraufgekommen. Vom Sturmregen war sein Ölzeug glänzend naß und schimmerte schwarz. Käpn Jollen, rief er, um den Bröderkjesiel kommen wir bei dem Wetter nich rum, was soll'n wir'n machen? Er stand vor der Brückenkammer. Der Kapitän hatte stumm eine Anweisung gegeben. Der Maat, ein junger, freundlicher Kerl mit einem schönen Gesicht fragte:

Na, Käpn Jollen, willste Tee?, aber der Kapitän schüttelte abweisend den Kopf, mich beachteten sie nicht. Außer mir waren noch drei ältere Fahrgäste schweigend und ohne Notiz von mir zu nehmen eingestiegen und rasch in der Unterkajüte verschwunden. Vielleicht waren das Leute aus Ohnsgrond, einheimische Fischer und Bauern.

Für son jungn Mann wie Sie is Ohnsgrond aber nix,

sagte der Kapitän unvermittelt. Ich gab keine Antwort.

Je näher wir der offenen See kamen, um so lauter brüllte der Wind über den Fjord. Kaum aus der Hafenbucht herausgesteuert, begann die Jolle wie eine Nußschale heftig zu schaukeln. Die Fahrt durch den langen Fjord verlief relativ ruhig, aber nach der Insel Bröderkjesiel gerieten wir auf das offene Meer. Norwegen verschwand als zerklüfteter Streifen. Die Insel

Ohnsgrond, die weit hinter Bröderkjesiel lag, war noch lange nicht in Sicht. Auf der Karte hatte es ganz nah ausgesehen, höchstens zwanzig Seemeilen. Ich fragte Jollen, warum man Ohnsgrond nicht schon sehen könne? Er steuerte ruhig, konzentriert, erfahren und seiner Sache sicher. Schließlich zündete er sich einhändig eine Zigarette an, die er schon seit der Abfahrt im Mund hatte und nuschelte in den ersten Rauch hinein, daß wir um Bröderkjesiel außen herumführen. …

Das ist aber ein Mordsturm hier draußen, sagte ich zu ihm. Er verzog die Mundwinkel abschätzig, paffte mit den Lippen an seiner Zigarette und zog die Schultern hoch. Was solls, hieß das.

Solang wir im Kuttersiel sind, passiert nix, nuschelte er und zog in kurzen starken Zügen an seiner Kippe, ohne sie aus dem Mund zu nehmen. Die Jolle wurde hin und wieder gewaltig angehoben und herumgeschmissen, sechs oder sieben Meter hohe Wellenkäme, Brecher, die von der Seite kamen, spritzten schäumend die Flanken hoch und überfluteten die

Decks mit blasigem Wasser, donnerten gegen die Schiffswände, Wasser lief über alle Reelings und das Oberdeck. Obwohl ich hohe See nicht gewohnt war, machten mir die Turbulenzen nicht viel aus.
An Bord waren, außer dem Kapitän, noch drei Maate und der Postmeister. Als wir endlich die offene See erreicht hatten, ging ich hinunter in die Unterkajüte, wo es angeblich Tee geben sollte. Gleich beim Eintreten sah in den Postmeister an einem Wandschrank mit Fächern stehen und Post aus einem großen Sack in die Fächer und verschiedene Ledertaschen sortieren, viel schien es nicht zu sein; Packen von Streifbandzeitungen, amtliche braune Umschläge, dicke Werbekataloge, ein kleiner Stapel Luftpostbriefe, Zahlungsanweisungen in Klarsichtfolie, alles lag auf dem Arbeitstisch vor dem eifrigen Postmeister, als ich an ihm vorbeiwankte. Bei meinem Eintritt schaute er mich aufmerksam an und nickte mir freundlich zu, eine Geste, die ich im Norden nicht gewohnt war. Er bewegte sich mit der Behendigkeit und dem Gesicht einer kleinen grauen Maus. Zwei der Maate saßen an dem einzigen Tisch in der Mitte des Raumes, der Gutaussehende und einer, der etwas älter schien und damit beschäftigt war, Listen auszufüllen. Nachdem ich eine Weile lang schwankend herumgestanden hatte, setzte auch ich mich unaufgefordert an den langen Mitteltisch. Die ganze Ausstattung der Kajüte war noch aus Holz, das Schiff hatte gut und gerne vierzig Jahre auf dem Buckel. Auf einer knarrenden Bank an der linken Kajütenbank saßen die

drei alten Ohnsgronder, mit vollgepackten Taschen und Körben auf den Knien, zwei ältere Frauen und ein uralter verschrumpelter Mann. Eine schmutzige Deckenleuchte erhellte den düsteren Raum nur wenig, durch das einzige Bullauge drang graues, nasses Licht. Die Ohnsgronder starrten den Dielenboden an, hielten sich bei heftigen Stößen an ihren Körben fest, der Greis schlief im Sitzen, schaukelnd oder hatte er nur die Augen geschlossen? Die Wellenschläge stießen ihn wiederstandslos nach links und rechts. Saß er da und war am Ende einfach tot? Sofort fühlte ich, daß er tot war, eine Leiche, nur weil er sich nicht rührte und herumstoßen ließ. Ein blöder Gedanke. Wieso sollte er denn tot sein?, verdammter Blödsinn!, dachte ich. Die dunkel feuchte Umgebung, das alte braune Schiffsholz, die Dunkelheit bei Sturm, die ölverschmierten, nach Maschinenruß stinkenden Maate, ihre fettigen Hände und fleckigen Ärmel, die erstarrten Ohnsgronder und der vor sich hindösende, vielleicht sogar eingeschlafene Greis, stürzten mich in eine unsichere, beklemmende Haltung. Auf die kleinen Stimmungsveränderungen fiel ich wie ein Kind sofort herein. Der dritte Maat kam aus dem Maschinenraum zurück, auch er verschmiert, naß, nach Motorenöl riechend, mit mißtrauischem prüfenden Blick aus kohleschwarzen Augen. Sein ganzes Gesicht war schwarz verrußt. Durch die primitive Gegensprechanlage gab er dem Kapitän abgerissene, holpernde Informationen durch, die dieser anscheinend brauchte. Es hörte sich

verständig, routiniert und beruhigend an, so, als sei alles in Ordnung.
Ist alles in Ordnung, Leute?, fragte ich den Tee schlürfenden jüngeren Maat, der links von mir am anderen Tischende saß und nicht ganz so grimmig dreinschaute, wie die beiden anderen.
In Ordnung?, sagte er kurz, lächelte spöttisch und warf seinem Kollegen aus dem Maschinenraum einen kurzen Blick zu. Der andere Sitzende strich weiter bestimmte Worte auf einer Liste durch, trug Sätze ein, schien irgendetwas zu berechnen, lächelte dann ebenfalls und schüttelte aufschauend amüsiert den Kopf.
In Ordnung!, sagte der Teetrinker zu mir, nee, hier is nix in Ordnung, aber bleib mal ganz ruhig, die Kiste kommt schon heil an, die Scheiße ham nur wir am Leib.
Was ist denn los?, fragte ich.
Fahrn halt mit dem alten Motor aus den vierziger Jahren, Kriegsmodel, is ne alte Waffenlady der Kahn hier, sagte er, gibt keine Ersatzteile, die Pumpen kannste vergessen, wenn da mal Brühe reinläuft war das, ansonsten aber alles tip-top!
Dich kannste gleich mitvergessen, du Suffkopp!, sagte der Listenführer. Beide schauten mich höhnisch an. Der Teetrinker etwa fünfundzwanzig Jahre alt, der Listenführer vielleicht fünfunddreißig, beide rasiert, dem Jüngeren quoll dunkles, zerzaustes Haar unter der Wollmütze vor, blaßbraune Augen, verschorfte Lippen, schmutzige Hände voller Narben,

sie trugen Seemannspullover und dreckige Öljacken, beide sahen kräftig und stark aus, gesund, dachte ich, aber ich wußte, daß die robuste Kleidung das nur vortäuschte, die Kleidung und das Gehabe. Der Teetrinker schien angetrunken von dem Rum, den er mit etwas Tee trank.

Nu sauf nich soviel von dem Zeug, davon wirds auch nich besser, sagte der Listenführer. Der Jüngere winkte ab.

Er trank seinen Pott aus, stand auf, bewegte sich schleppend durch eine Schwingtür in die Kombüse, wobei mir sein merkwürdiger breitbeiniger Gang auffiel, als hätte er sich die Hosen vollgemacht. Mit zwei Henkelpötten Tee kam er zurück, eine stellte er neben sich hin und nickte mir zu. Offenbar war sie für mich gedacht.

Hier Mann, sagte er, nimm ma n'Schluck, da kommt alles in Ordnung. Beim Wende draußen vorm Siel wirst es brauchen.

Ich stand auf und setzte mich neben ihn auf die Bank. Er roch furchtbar, eine ganze Palette von Gerüchen und Gestank umgab ihn wolkenartig, Gerüche, die sich auf verwirrende Weise vermischten und zu seinem hübschen, reinen Gesicht in einem merkwürdigen Kontrast standen. Mir fiel auf, daß er schwitze und sehr blaß war. Sein fahriger Blick hatte etwas fiebriges. Auf der Tischoberfläche las ich Einkerbungen, Gravuren, gelungene und mißlungene Darstellungen nackter Frauenleiber, Brandflecken, Ränder. Ich suchte weiter nach obszönen Darstellungen und

Sprüchen, fand aber außer weiteren schiefen Frauenkörpern nichts. Das erstaunte mich etwas, ich hätte auf einem Matrosenschiff wie diesem weitaus Drastischeres erwartet.
Na nu trink mal, sagte der Teetrinker und kicherte.
Ich pustete den Tee kühl, um Zeit zu gewinnen und nahm einen kleinen Schluck. Es handelte sich, wie ich mir gedacht hatte, um heißgemachten Rum mit einem kleinen Schluck Tee und viel Zucker. Wahrscheinlich hatte er noch irgendetwas dazugemischt,
dachte ich, ein Abführmittel oder irgendeine Seemannsgemeinheit, was konnte ich schon machen? Ich mußte es trinken, so oder so.
Der Listenführer schaute mir gespannt beim Trinken zu, der Teetrinker ebenfalls. Als ich beim ersten Brennen des heißen Rums in meiner Kehle das Gesicht verzog, lachten sie laut auf, übertrieben und albern. der Listenführer legte seinen Stift weg und wendete sich an den Teetrinker.
Hey Matz, was will son feiner Mann wohl auf Ohlsgrott?, fragte er.
Was weiß denn ich, Moran, erwiderte der Matz genannte Maat. Die Unterhaltung erinnerte an Laienspieler auf einer Provinzbühne, Darsteller einer albernen Posse. der Teetrinker mit dem hübschen Gesicht hieß demnach Matz, der Listenführer Moran, was eigentlich irisch klang. Vielleicht ist er Ire, dachte ich, so wie ich, oder seine Eltern stammen aus Irland, sind von Irland nach Norwegen ausgewandert wie mein Vater, Mr Patric Finn, von der Scheiße in

die Jauche, wie er früher immer gesagt hatte, wenn er, wie gewöhnlich, betrunkene Reden hielt und sein Los bejammerte. Unerwartet schaltete sich der Postmeister ein, die kleine graue Maus, immer noch beschäftigt mit Sortieren und Abfertigen der Post für Ohnsgrond.

Lassen Sie mal sehen, sagte er zu mir und zog seine Mütze aus, als könne er dann besser denken. Sie sind höchst wahrscheinlich der neue Doktor von der Behörde, nicht wahr? Der Staatliche, der Trondt ist ja nich mehr. Oder sind Sie's nicht? Warten Sie mal, der olle Broderloof hat mir gesagt, sie bekommen auf Ohnsgrond jetzt einen staatlichen Doktor, nicht son privaten Kurpfuscher und Pillendreher. Muß mal nachdenken, der soll angeblich Finn heißen, son irischer Mensch, Ausländer soll das sein, na, hab ich recht?

Ich war überrascht, sagte aber nicht.

Das sind Sie doch, sind Sie der Dr. Finn oder nicht, na was?, insistierte er.

Ich schaute ihn über die Schulter an.

Genau, heute is ja auch der achtzehnte September, krähte er, also ich wette drei Kronen, daß SIE Dr. Finn sind, stimmt's? Wer hält gegen?, rief er. Über die Wette mußte ich lächeln. Ich hatte mich beherrscht nicht zu nicken, obwohl ich das starke Bedürfnis dazu hatte, aber dann hätten die beiden anderen nicht mehr wetten können, und diese Wette hatten sie schon verloren. Also nickte ich nicht. Ich guckte die beiden Maate meinerseits erwartungsvoll

an, offenmündig, basserstaunt saßen sie da wie zwei Deppen, mal starrten sie zum Postmeister, mal zu mir.
N'Dok kriegen die auf Ohlsgrott, n'staatlichen auch noch, gratis Behandlung, sagte Moran. Er schien auf meine Bestätigung zu warten.
Na klar, mischte sich Matz ein, so ne Insel wie Ohlsgrott, da brauchen wir auch n'Dok, sin ja genug Leute, fast tausend Leute und mit allem Vieh noch dazu, da hätt schon lang n'staatlicher hingemußt.
Ich betrachtete mir die beiden klugen Stinkheimer amüsiert, sie gefielen mir, auch die Landposse, die sie aufführten: Ist der Doc schon da?
Also, drei Kronen meine Herren, sagte ich resolut wie ein Buchmacher, bin ich der Doktor oder bin ich es nicht?
Der schlaue Hai! blökte der Postmeister laut, der sich seines Gewinnes schon sicher war, der läßt die Maus nicht auskommen!
Moran schlitzte die Augen und musterte mich seitlich von oben bis unten wie er eine Maschine taxiert haben würde, die zwar dem äußeren Anscheine nach vollkommen intakt war und günstig zum Verkauf stand, aber vielleicht nach nur einem Kolbenschlag den Geist aufgeben würden für alle Zeiten.
Aussehen tut er wie einer, spekulierte Moran, aber drei Kronen, Mensch! Dann is er's eben! Was solls denn!
Der Postmeister fuchtelte protestierend mit den Händen in der Luft herum, als wolle man ihn berauben.

Ham wir nu gewettet oder nicht?, rief er aufgebracht.

Matz drehte sich zu ihm um und schaute ihn verächtlich an.

Nee, raunte er, nicht das ich wüßte, *du* hast vielleicht gewettet, du Ratte, und wenn du's schon vom Broderloof weiß, vom ollen Broderloof, der ale Quatschkopp, was solln wir da noch wetten, du Fischkopp!

Ich trank derweilen meinen Rum mit Teegeschmack,

der mir tatsächlich in diesem Moment wohltat und die Gedanken samt der Angst vor dem bevorstehenden Inseldienst wegspülte. Schließlich beendete ich den Streit und bestätigte meine Identität.

Also, ich heiße Georg Finn, angestellt von der Landesbehörde, ich werde als staatlicher Arzt zuständig sein für die Insel Ohnsgrond. So stellte ich mich vor, sitzend. Die anderen rührten sich ebenfalls nicht.

Ich wußte nichts über Ohnsgrond,

Alfredo Bauer

Immer bestimmen die Nutzpflanzen eines Landes die Lebensweisen seiner Menschen. Dies gilt ganz besonders für die Teepflanze, die vielen Ländern ihr spezielles Gepräge verleiht. Wie verästelt diese Einflüsse aus der Flora sind, zeigt sich am Beispiel des »Mate«-Tees in Argentinien

Die Sitte, den Absud gerösteter Blätter eines bestimmten Baumes mittels eines Röhrchens aus einer ausgehöhlten Kalebasse zu trinken, stammt sicher aus präkolumbianischer Zeit, wo sie vom großen Volk der Guaraní praktiziert wurde. Der Baum, der diese Blätter hervorbringt und nach Linné'schem Schema Ilex Paraguariensis heißt, wuchs im Urwald. Erst in späterer Zeit gelang es, ihn in Pflanzungen zu ziehen.

In der Kolonialzeit war das Matetrinken für die gesamte Bevölkerung ein großes Bedürfnis – für die Stadtbewohner ebenso wie für die Gauchos, die teilweise, und für die Indios des Südens, die völlig außerhalb der Zivilisation lebten. Die Gauchos verschafften sich das Kraut im Tauschhandel. Die Indios Mapuches, die es erst über die Weißen kennengelernt hatten, durch den Malón, den Überfall auf deren Siedlungen. Auf diese Weise holten sie überhaupt das, was sie selbst ihre "vier Laster" nannten: außer der Yerba, dem Matekraut, noch den Branntwein, den Tabak und weiße Frauen.

Da das Material nun einmal zu einem echten Bedürfnis geworden war, war der Besitz dessen, was das "Kraut" hervorbrachte, auch echter Reichtum und also Objekt von Kämpfen. Das Land Paraguay, das sich einige Jahrzehnte lang mittels einer revolutionären Diktatur und der strengen Absperrung nach außen dem Zugriff des internationalen Kapitals und der Hafenoligarchie von Buenos Aires entziehen konnte, erklärte die Bäume zum Staatseigentum und den Handel mit dem "Kraut" zum Staatsmonopol. Das trug wesentlich dazu bei, daß zwei mächtige Staaten – das Kaiserreich Brasilien und die Republik Argentinien – das kleine Nachbarland überfielen und in einem grausamen Krieg völlig zerstörten und entvölkerten. Das ist nun 120 Jahre her.

Die Bevölkerung Argentiniens besteht heute zu fast 90 Prozent aus Abkömmlingen von Einwanderern in der zweiten, dritten oder vierten, allerhöchstens der fünften Generation. Das Matetrinken aber betreiben die Argentinier, und auch die ständig hier lebenden Ausländer, fast ohne Ausnahme. Das geht so weit, daß die Hunderttausende, die in den letzten zwei Jahrzehnten infolge des Militärterrors oder der allgemeinen wirtschaftlichen Zerrüttung das Land verlassen mußten, auf die Frage, was sie im Ausland am meisten vermißten, zum allergrößten Teil das Matetrinken an erster Stelle nannten.

Dem Matekraut wird gesundheitsfördernde Wirkung zugeschrieben, wobei niemand weiß, ob das nicht nur ein Aberglauben ist, um die liebe Gewohnheit mit realen Argumenten zu untermauern. Allerdings ist

der Konsum geeignet, zwischenmenschliche Beziehungen zu fördern, da der Mate ja meist in geselligem Kreis von einem zum andern geht.
Beanstanden könnte man eher, daß es immer noch die Frauen (gleich welchen Alters) sind, die hin und her laufen, um den Männern (gleich welchen Alters) ein ums andere Mal den Trunk zu kredenzen. Auch Männer, die sonst den Machismo ablehnen, lassen sich das gefallen; und viele überzeugte Feministinnen rebellieren nicht dagegen. Hingegen soll die früher weitverbreitete Sitte, dem Mate zwecks Erweckung zärtlicher Gefühle die verschiedensten Substanzen beizumengen, in letzter Zeit bedeutend abgenommen haben. Ein bestimmtes Zeremoniell freilich ist mit dem Trinken immer noch verbunden: daß man sich beispielsweise nicht nach jedem gereichten Trunk zu bedanken hat, sofern man nicht wünscht, keinen weiteren mehr zu erhalten. Die Einladung zum Trinken überhaupt abzulehnen, das darf, wenn überhaupt, nur mit größter Vorsicht geschehen, da es im Prinzip einer Beleidigung gleichkommt. Zumal der Ausländer sollte sich hüten zu erklären, daß ihm der Absud nicht schmeckt; viele Argentinier werten das, ganz im Ernst, als Angriff auf ihre nationale Würde.
man sollte aber jedenfalls, auch wenn man so absoluten Formeln abhold ist, Sympathie aufbringen für diese der Tradition entspringende Sitte, in der nicht nur die Gastlichkeit, sondern auch die Aufgeschlossenheit gegenüber dem Fremden zum Ausdruck kommt.

George Orwell

Lange bevor Günter Wallraff sich für seine großen Sozialreportagen in die Kluft des Berg- oder Fließbandarbeiters stürzte, unternahm Orwell seine Recherchen: Er lebte für ein Jahr »Erledigt in Paris und London« unter Bettlern – und lernte den wahren Wert eines warmen Tees schätzen

Es war etwa fünf Uhr, als der Ire sagte: ”Hasse Lust ßu’ne Tasse Tee? Dis Asyl macht nich’ vor sechs auf.“
”Ich denke schon, ja.“
”Naja, da gips’n Ding, wo de’n Tee gratis und’n Stück Schrippe kriss. Prima Tee da. Die lassn dich denn danach’ne Menge schöne fromme Sprüche saren; aber sch-drauf! Da vageht wenjstens die ßeit. Kommße mit?!“
Er führte mich den Weg zu einem blechgedeckten Schuppen in einer Nebenstraße, der eher wie ein ländlicher Kricket-Pavillon aussah. So an die fünfundzwanzig weitere Landstreicher warteten bereits dort. Einige waren schmutzige alte Dauer-Landstreicher, die Mehrheit aber bestand aus gut gekleideten jungen Leuten aus dem Norden, vielleicht Bergleute oder Baumwoll-Arbeiter, die keine Arbeit hatte. Sofort ging die Tür auf, und eine Dame in blauem Seidenkleid, mit goldrandiger Brille und Kruzifix, hieß uns einzutreten. Drinnen standen dreißig oder vierzig harte Stühle, ein Hamonium und eine sehr gute Lithographie der Kreuzigung.

Betreten nahmen wir unsere Mützen ab und setzten uns. Die Dame gab uns Tee aus, und während wir aßen und tranken, bewegte sie sich von einem zum anderen und sprach voller Güte mit jedem. Sie sprach von religösen Themen – von Jesus Christus, der immer ein Herz für die armen, rauhen Männer wie wir hatte und davon, wie schnell die Zeit doch verginge, wenn man in der Kirche wäre und wie anders es doch für einen Mann draußen auf der Straße wäre, wenn er regelmäßig seine Gebete spräche. Wir mochten das nicht. Wir saßen an der Wand und fingerten mit unseren Mützen (ein Tramp fühlt sich ohne Mütze unangenehm nackt) und wurden rot und murmelten irgend etwas, wenn sich die Dame an uns wandte. Es gab gar keinen Zweifel daran, daß sie das alles sehr freundlich meinte. Als sie bei einem der Jungen aus dem Norden mit ihrem Tablett voller Brötchen anlangte, sagte sie zu ihm:

"Und du, mein Junge, wie lange ist es her, daß du niedergekniet und mit unserem Himmlischen Vater gesprochen hast?"

Der arme Kerl – nicht ein Wort brachte er heraus; aber sein Magen übernahm das Antworten mit einem nicht gerade schönen Rumpeln beim Anblick des Essens. Danach war er dermaßen verlegen vor Scham, daß er kaum sein Brötchen hinunterbekam. Nur einer der Männer vermochte der Dame in ihrem eigenen Stil zu antworten, und er war ein flinker, rotnasiger Bursche, der eher wie ein Korporal aussah, der wegen Trunkenheit einen Streifen verloren hatte. Er konnte die Wörter "der liebe Herr Jesus" schamloser artikulieren als irgend jemand sonst in meinem Leben. Ohne Zweifel: dieser Trick mußte er im Gefängnis gelernt haben.

Der Tee war zuende, und ich sah, wie sich die Tramps verstohlen anschauten. Ein unausgesprochener Gedanke verband sie alle miteinander – können wir vielleicht abhauen, bevor die Beterei losgeht? Irgend jemand rutschte mit seinem Stuhl hin und her – stand nicht wirklich auf, sondern starrte nur zur Tür hinüber, als ob der damit dem Gedanken deutlicher Ausdruck verleihen wollte. Die Dame brachte ihn mit einem Blick zur Raison. Gütiger als zuvor, sagte sie dann:

"Ich glaube nicht, daß du schon gleich gehen mußt. Das Heim macht vor sechs nicht auf, und wir haben genügend Zeit, um uns hinzuknien und unserem Vater im Himmel einige Worte zu sagen. Ich glaube, wir fühlen uns danach viel, viel besser, nicht wahr?"

Der Mann mit der roten Nase war sehr hilfsbereit, rückte das Harmonium an die richtige Stelle und teilte die Gebetbücher aus. Er wandte dabei der Dame seinen Rücken zu, und er machte sich einen Witz daraus, die Bücher wie ein Kartenspiel zu behandeln und jedem Mann, dem er ein Buch austeilte, zuzuflüstern: "Eine für dich, Kumpel, und das ist der – Skat, und die ist für dich! Vier Asse und'n König!" usw.

Barhäuptig knieten wir zwischen all den schmutzigen Teetassen und begannen davon zu murmeln, daß wir all die Dinge unterlassen hätten, die wir hätten tun sollen und all die Dinge getan hätten, die wir hätten unterlassen sollen, und daß wir verdorben wären. Die Dame betete voller Inbrunst, aber ihre Augen beobachteten uns ohne Pause, um sicherzustellen, daß wir auch mitmachten. Wenn sie doch einmal nicht schaute, grinsten wir und zwinkerten uns zu und flüsterten schmutzige Witze, nur um zu zeigen, daß uns das alles nicht interessierte; und doch blieb es uns ein wenig im Halse stecken.

Niemand außer dem rotnasigen Mann war so selbstsicher, daß er es gewagt hätte, die Responsorien lauter als im Flüsterton zu sprechen. Beim Singen ging es besser, außer daß einer der alten Tramps nur "Onward, Christan Soldiers" kannte und immer wieder darauf zurückkam und die Harmonien verdarb.

Die Gebete dauerten eine halbe Stunde, und dann, nach eifrigem Händeschütteln am Ausgang, verschwanden wir. "Naja", sagte einer, als wir außer Hörweite waren, "der Kummer wäre ausgestanden. Und ich dachte schon, die – Gebete würden nie mehr aufhören."

"Du hast'n Brötchen jekriecht", sagte ein anderer; "da muße schon löhnen für."

"Stöhnen meinste, wa. Pht. Man kricht nich' viel für nix. Die geb'n dir noch nich' ma'ne Zweipenny-Tasse- Tee, ohne daßde auf de, auf de Kniee mußt."

Es gab beifälliges Gemurmel. Offenbar waren die Landsteicher für ihren Tee nicht dankbar. Und doch war der Tee exzellent gewesen und so unterschiedlich von Tee im Kaffeegeschäft wie guter Bordeaux von dem Mist, den man hier Kolonialklarett nennt, und wir alle waren glücklich darüber. Ich bin außerdem sicher, daß er aus einer guten Intention heraus ausgegeben worden war, ohne jede Absicht der Demütigung; also: Im Sinne der Fairness hätten wir dankbar sein müssen – und doch, wir waren es nicht.

182 Nach neun Tagen waren B.'s zwei Pfund auf einen Shilling Neunpence geschrumpft. Paddy und ich legten uns achtzehn Pence für unsere Betten auf die Seite und leisteten uns für Dreipence unsere übliche Tee-und-zwei-Scheiben-Portionen, die wir unter uns teilten – eher als Appetitanreger denn als Mahlzeiten. Gegen Nachmittag waren wir entsetzlich hungrig, und Paddy fiel eine Kirche in der Nähe der Station King's Cross ein, in der es einmal pro Woche für Tramps Tee umsonst gab. Jener Tag war der betreffende Tag, und wir beschlossen, hinzugehen. Obwohl es regnete und er kaum noch einen blanken Heller hatte, meinte Bozo, er käme nicht mit, weil Kirchen nicht sein Fall wären.
Vor der Kirche wartete eine ganze Hundertschaft abgerissener Typen, die von nah und fern wegen der Kunde vom Gratistee herbeigekommen waren wie die Motten zum Licht. Dann öffnete sich das Portal, und ein Kirchendiener und ein paar Mädchen geleiteten uns zu einer Galerie oben in der Kirche. Die Kirche war evangelisch, finster und beabsichtigt häß-

lich gehalten und mit Sprüchen von Blut und Feuer an den Wänden verziert – das Gesangbuch mit zwölfhunderteinundfünfzig Liedern nicht zu vergessen. Ich las einige der Lieder und kam zu dem Schluß, daß es sich bei dem Buch um eine Anthologie schlechter Lyrik handelte. Nach dem Tee fand ein Gottesdienst statt, und die "normale" Gemeinde saß in der tiefen Grube unter uns. Es war ein Wochentag, und die Gemeinde zählte nur etwa zwei Dutzend Leute, von denen die meisten verhutzelte alte Frauen waren, die einen eher an Suppenhühner erinnerten. Wir reihten uns im Gestühl der Empore auf und nahmen den Tee in Empfang; für jeden gab es eien Ein-Pfund-Marmeladetopf Tee und sechs Scheiben Brot mit Margarine. Kaum war das Teegelage zuende, da riß ein Dutzend Tramps, die sich in Türnähe stationiert hatten, aus, um dem Gottesdienst zu entgehen; die anderen blieben, allerdings weniger aus Dankbarkeit als vielmehr aus Mangel an Mut zum Gehen.

Rose Ausländer

»Kamillen« öffnen, beinahe wie eine Droge, alle Dimensionen – eine scheinbar unterschätzte Auswirkung des Tees

184 Kamillen
Die grünen Jahre
bevölkert von Faunen und Feen
wuchern unter der Schläfe
Nymphen treiben ihr
Waldwesen weiter
im Raum aus Maschinen

Goldner Tee
In der Nische raschelt der Seidenrock
Engel halten den Spiegel
Ein Kinderchor unter dem Fenster
im Orchester
der Frösche und Grillen

Weltraum
überfüllt mit
Körpern und Katastrophen
Labyrinth der Länder
von Drachen bewacht
Rosen unwissend daß
ein Schatten auf ihnen lastet
der Rumpf des Robots

Laß fallen die Maske
Seifenblasen sprühn
von deinen Lippen auf
Minze und Mohn
der Flaum des Löwenzahns
schwebt überm See
Undine im Kelch einer Wasserrose
flüstert mit verschleierter Stimme
wie die Mutter
Freitag vor der Kerze

Elektrische Vögel
in Metallbäumen
kreischen dich wach
vom Daumen rollt der Ahnenring
mit dem Wappen der Linde
du legst an den Stahlkittel
dein Haar im Drahtlaub
fängt Antennen auf
in deinen Nüstern verflüchtigt
Kamillengeruch

Frank O'Connor

»Mein Ödipus-Komplex« hat naturgemäß immer eine Wurzel. Selten jedoch sind die Fälle, da diese Wurzel sich als eine Tasse Tee erweist, wie im vorliegenden Fall

Vater war während des ganzen Krieges Soldat, deshalb sah ich ihn bis zu meinem fünften Lebensjahr nur sehr selten. Wenn er auf Urlaub nach Hause kam, schien er nicht weiter zu stören. Manchmal wachte ich nachts auf und sah im Kerzenlicht, wie eine große Gestalt sich über mich beugte und mich betrachtete. Oder ich hörte morgens, wie die Haustür ins Schloß fiel und seine genagelten Stiefel über die Pflastersteine der Gasse lärmten und sich entfernten. Vater kam und ging so geheimnisvoll wie Sankt Nikolaus. Eigentlich mochte ich seine kurzen Besuche recht gern, obwohl es sehr ungemütlich eng zwischen ihm und Mutter war, wenn ich frühmorgens in das große Bett kletterte. Er rauchte, und darum roch er so schön, und er rasierte sich – ein Vorgang, den zu beobachten ich nie müde wurde.

Mein Leben mit Mutter allein war friedlich und angenehm. Das Fenster meiner Dachstube sah nach Südosten, deshalb wachte ich schon beim ersten Morgengrauen auf, und mein Kopf war sofort berstend voll von Plänen. Nie schien das Leben so einfach, so angefüllt mit tausend Möglichkeiten wie gerade dann. Ich zog meine beiden Füße unter der Bettdecke hervor – sie hießen "Frau Links" und "Frau Rechts" – und erfand dramatische Auftritte, in denen sie die Tagesprobleme besprachen. Meistens redete "Frau Rechts"; "Frau Links" begnügte sich damit, kräftig zu nicken (weil ich sie nicht so gut unter Kontrolle hatte). Sie berieten, was Mutter und ich den Tag über tun sollten, was Sankt Nikolaus zu Weihnachten bringen würde, oder was man zur Verschönerung des Heims tun konnte. Da war zum Beispiel die Sache mit dem Baby, über das ich immer verschiedener Meinung mit Mutter war. Unser Haus war das einzige in der kleinen Straße, in dem es kein Baby gab, und Mutter sagte, wir könnten uns keins leisten, weil Vater im Krieg sei, sie kosteten sechzehn Shilling sechs und das käme zu teuer. Doch darüber konnte "Frau Rechts" nur den Kopf schütteln, denn die Geneys am Ende der Gasse hatten ein Baby, und die hatten bestimmt nicht sechzehn Shilling sechs übrig.

Wenn ich so meine Pläne für die allernächste Zukunft festgelegt hatte, stand ich auf, rückte einen Stuhl unter das Mansardenfenster und schob es ein wenig hoch, so daß ich über die Dächer der Stadt schauen konnte. Danach ging ich ins Schlafzimmer der Mutter, kletterte zu ihr ins Bett und erzählte ihr meine Pläne. Inzwischen war ich vor Kälte fast zur Eiszapfen erstarrt. Sobald ich wieder aufgetaut war, schlief ich über meinem Geplauder ein und wachte erst auf, wenn Mutter unten in der Küche schon Feuer anzündete und das Frühstück zurecht machte. Nachher gingen wir in die Stadt, kauften ein, beteten in der Kirche für Vater und machten am Nachmittag, wenn das Wetter schön war, Spaziergänge über Land. Abends im Bett betete ich wieder für Vater, damit er gesund aus dem Kriege käme. Ich ahnte ja nicht, was ich damit tat!

Eines Morgens, als ich in das große Bett stieg, war

Vater wieder über Nacht wie ein Sankt Nikolaus erschienen. Aber anstatt dann seine Uniform anzulegen, zog er sich seinen guten blauen Anzug an, und Mutter war schrecklich froh. Ich verstand gar nicht, warum sie so froh war, denn ohne seine Uniform sah er wie ein ganz gewöhnlicher Mann aus. Doch sie strahlte und sagte, daß unsere Gebete erhört worden seien.

Als er mittags nach Hause kam, zog er die Stiefel aus und die Pantoffeln an, schlug die Beine übereinander und sprach sehr ernst mit meiner Mutter, die ein besorgtes Gesicht machte. Natürlich gefiel mir das nicht, daß sie besorgt aussah, denn sie war dann nicht mehr so schön.

Also unterbrach ich ihn.

"Warte, Larry", sagte sie sanft.

Das sagte sie immer, wenn langweilige Besucher da waren, deshalb bekümmerte ich mich nicht groß darum und redete weiter.

"Larry", sagte sie ärgerlich, "sei still, ich rede mit Daddy!"

Es war das erste Mal, daß ich diese schrecklichen Worte hörte: "Ich rede mit Daddy."
"Warum redest du mit Daddy?" fragte ich so gleichgültig ich nur konnte. "Daddy und ich müssen etwas Geschäftliches besprechen. Stör und jetzt nicht mehr!"
Ich fand, es sei höchste Zeit, mit Gegengebeten anzufangen, um Vater so schnell wie möglich wieder in den Krieg zu schicken.
Am Nachmittag ging er auf Mutters Bitte hin mit mir spazieren, und zwar, anstatt aufs Land, in die Stadt. In meiner gutgläubigen Art, dachte ich, das sei entschieden ein Fortschritt. Aber ich merkte bald, daß Vater und ich verschiedener Ansicht waren darüber, was ein Spaziergang durch die Stadt bedeutete. Für ihn bedeutete es nicht, Straßenbahnen und Schiffe und Pferde anzuschauen, und wenn ich ihn zum Stehenbleiben bringen wollte, ging er einfach weiter und zog mich an der Hand nach.
Wenn er aber stehenblieb, dann dauerte es eine Ewigkeit, und immer sprach er mit seinen alten Freunden, die mich nicht im geringsten interessierten. Es war, als ob man mit einem Berg spazierenginge. Entweder achtete er überhaupt nicht auf mein ziehen und Zerren, oder er sah wie von einem Kirchturm auf mich herunter und lachte. Noch nie war ich einem Menschen begegnet, der immer nur so an sich selbst dachte wie mein Vater.
Beim Nachmittagstee fing es wieder an, das 'Gerede mit Daddy'. Doch war's nun noch komplizierter, weil

Vater eine Zeitung hatte und sie alle fünf Minuten sinken ließ, um Mutter etwas daraus zu erzählen. Das war wirklich kein ehrlicher Wettbewerb um Mutters Aufmerksamkeit: *mir* hörte sie sonst genausogut zu – aber wenn man die Sachen fix und fertig aus einer Zeitung vorlas – was ich nicht konnte... Ich versuchte immer wieder, das Gespräch auf etwas anderes zu bringen, aber umsonst.

"Du mußt still sein, wenn Vater liest, Larry", sagte Mutter ungeduldig.

Entweder unterhielt sie sich wirklich lieber mit Vater als mit mir, oder er hatte irgendwie Macht über sie, und sie getraute sich nicht, zu tun, was sie gern wollte. Ich nahm an, daß es das letzte war.

Und was dann am nächsten Morgen geschah, bestärkte noch meinen Verdacht. Ich wachte munter und vergnügt zur gleichen Zeit wie immer auf und hatte zuerst eine lange Unterhaltung mit meinen beiden Füßen. "Frau Rechts" sprach von all dem Kummer, den sie mit ihrem Vater hatte, und "Frau Links" bedauerte sie tüchtig. Dann holte ich meinen Stuhl und steckte den Kopf aus dem Mansardenfenster, wie ein Forschungsreisender, der zum erstenmal das neu entdeckte Land erblickt. Ich platzte förmlich vor Ideen, ging ins Schlafzimmer nebenan und kletterte in das große Bett.

Ich hatte Vater vollkommen vergessen, und nun saß ich da und überlegte, was ich mit ihm anfangen sollte: er nahm noch mehr Platz als sonst ein, und ich hatte es gar nicht bequem. Ich knuffte ihn also ein paarmal, und er brummte und streckte sich und machte tatsächlich Platz.

ch kuschelte mich zufrieden in das warme Bett und rief laut: "Mammi…"

"Still, Kindchen", flüsterte sie, "weck Daddy nicht auf!"

Das war ja etwas ganz Neues! Wenn ich morgens nicht mehr erzählen durfte, wie sollte ich denn da Ordnung schaffen in meinem Kopf?

"Warum?" fragte ich.

"Daddy ist müde!"

Das ist doch kein Grund! Dachte ich und fuhr fort: "Mammi, weißt du, wohin ich heute mit dir gehen möchte?"

"Nein, Kind" seufzte sie.

"Crowleys Gasse hinunter und ins Tal, und da fische ich dir Wasserläufer, und…"

"Weck Daddy nicht auf!" zischte sie und legte mir die Hand auf den Mund.

Aber Daddy war wach, beinahe wenigstens. Er brummte, drehte sich um und sah auf seine Uhr. Er blinzelte ungläubig.

"Soll ich dir eine Tasse Tee bringen, Darling?" fragte Mutter so zart und leise, wie ich sie noch nie hatte sprechen hören.

"Tee?" rief Vater entrüstet, "du weißt wohl nicht, wieviel Uhr es ist?" Fünf!

"Mammi!" rief ich.

"Geh sofort in dein Bett, Larry!" sagte Mutter streng.

Ich fing an zu weinen, aber leise. Vater sagte gar nichts. Er zündete sich die Pfeife an, guckte ins halbdunkle Zimmer und beachtete uns nicht. Ich wußte, daß er wütend war. Und dabei war alles so ungerecht! Immer, wenn ich zu Mutter gesagt hatte, es sei unnötig, zwei Betten zu haben, und wir könnten die ganze Nacht in einem Bett schlafen, hatte sie geantwortet, daß es gesünder in zwei Betten sei. Und nun kam dieser Mann hier, dieser fremde Mensch, und

schlief die ganze Nacht in ihrem Bett, ohne im geringsten an die Gesundheit zu denken! Er stand auf, machte Tee und brachte Mutter eine Tasse. Mir nicht.

"Mammi", rief ich, "ich möchte auch eine Tasse Tee!"

"Ja, Kind", seufzte sie, "du kannst aus meiner Untertasse trinken."

Ich wollte nicht aus ihrer Untertasse trinken. Ich wollte als Gleichberechtigter in meinem eigenen Heim behandelt werden und eine Tasse für mich allein haben. Also trank ich ihre Tasse aus und ließ ihr gar nichts übrig.

Als sie mich am Abend zu Bett brachte, bat sie mich freundlich, ihr etwas zu versprechen.

"Was?" sagte ich.

"Deinen armen Vater nicht schon am frühen Morgen zu stören."

"Warum?" fragte ich, denn mir schien alles verdächtig, was mit diesem unmöglichen Menschen zusammenhing.

"Weil Vater Sorgen hat."
"Warum?"
"Ach, du weißt doch, als Vater im Krieg war, bekamen wir Geld von der Post, und jetzt gibt's dort keins mehr, und Vater muß suchen, ob er anderswo Geld findet, sonst müssen wir betteln gehen wie die arme Frau, die freitags immer das Geldstück bekommt. Und das möchtest du doch wohl nicht?"
Nein, das mochte ich nicht, Wenn der Mann Geld suchen mußte, so war's eine ernste Angelegenheit.
Ich faßte also die besten Vorsätze. Mutter legte all meine Spielsachen rings um mein Bett, und als ich aufwachte, sah ich sie, und mein Versprechen fiel mir ein, und ich spielte – stundenlang, wie es mir schien. Dann holte ich den Stuhl und sah aus den Mansardenfenster, auch stundenlang. Es war langweilig, und es war kalt. Schließlich konnte ich es nicht länger aushalten und ging ins andere Zimmer.
Meine Mutter wachte erschrocken auf: "Larry, du mußt entweder ganz still sein oder wieder in dein Bett gehen!"
"Mammi, ich finde es gesünder, wenn Daddy auch ein eigenes Bett zum Schlafen hat!"
Das schien sie stutzig zu machen, aber sie antwortete nicht.
Zornig gab ich Vater, ohne daß sie es merkte, einen Knuff. Er stöhnte und riß entsetzt die Augen auf: "Was ist? Wieviel Uhr?"
"Es ist nur das Kind", sagte sie beruhigend. "Siehst du, Larry, du mußt jetzt wieder in dein Bett gehen!"

Als sie mich auf den Arm nehmen wollte, schrie und strampelte ich. Vater fing an zu schimpfen: "Das verdammte Kind! Schläft wohl überhaupt nie?"
"Es ist ja nur eine Angewohnheit, Darling", sagte sie.
"Höchste Zeit, daß er sie aufgibt!" schrie Vater und sah uns mit bösen schwarzen Augen an.
Ich machte mich frei, rannte in eine Ecke und heulte laut.
"Halt den Mund, du Strick!" rief Vater zornig.

So hatte noch nie jemand mit mir gesprochen. Da hatte ich also immer für ihn gebetet, und dabei war er mein schlimmster Feind. "Halt du selber den Mund!" schrie ich.
"Was?" rief Vater und sprang aus dem Bett.
"Michael" rief Mutter, "ich bitte dich, das Kind ist noch nicht an dich gewöhnt!"
"Er muß Prügel bekommen", rief Vater.
"Selber, selber, selber!" schrie ich ganz verzweifelt.
Da verlor er die Geduld und schlug mich. Gar nicht schlimm – aber die Ungerechtigkeit, von einem Fremden geschlagen zu werden, der sich in unser Heim und in Mutters Bett geschlichen hatte, machte mich vollkommen verrückt. Er sah mich an wie ein Riese, der mich ermorden wollte. Auf einmal begriff ich, daß er neidisch auf mich war.
Von dem Tage an war das Leben die reinste Hölle. Vater und ich verkehrten kühl und höflich miteinander. Ich konnte immer noch nicht verstehen, weshalb Mutter ihn so gern hatte. Er war in jeder Beziehung weniger nett als ich. Oft benützte er häßliche Wör-

ter, und seinen Tee trank er auch nicht immer leise. Eine Weile glaubte ich, ihre Liebe zu ihm käme daher, weil sie sich für Zeitungen interessierte. Also dachte ich mir auch Neuigkeiten aus und tat so, als läse ich sie ihr vor. Aber es machte ihr nicht viel Eindruck. Ich steckte mir seine Pfeife in den Mund und wanderte so durchs Haus. Ich schlürfte sogar beim Teetrinken, aber sie verbot es mir nur.

Der einzige Ausweg schien der zu sein, recht schnell zu wachsen und sie ihm dann wegzunehmen.

Eines Abends, als er besonders abscheulich war, immerzu mit ihr sprach und mich nicht beachtete, unterbrach ich ihn ganz ruhig:

"Mammi, wenn ich groß bin, heirate ich dich!"

"Ja, mein Schatz", antwortete sie freundlich. Aber Vater legte die Zeitung hin und lachte laut heraus.

"Ja", sagte ich voll Verachtung, "Und Kinder werden wir auch haben."

"Weißt du, Larry", sagte sie, "vielleicht werden wir schon ganz bald eins haben, dann hast einen Spielkameraden."

Darüber freute ich mich mächtig, obwohl eigentlich kein Grund dazu vorhanden war, wie sich allmählich herausstellte. Mutter war oft bedrückt, vermutlich, weil sie die sechzehn Shilling sechs für das Baby auftreiben mußte. Mit den Spaziergänge hörte es ganz auf. Sie wurde schrecklich nervös und gab mir Klapse für rein gar nichts. Oft dachte ich: Hätte ich sie doch nie auf die Idee mit dem Baby gebracht!

Und dann war es da – und ich konnte es von Anfang

an nicht leiden. Ein schwieriges Kind, das dauernd alle Aufmerksamkeit beanspruchte. Mutter tat sehr töricht mit ihm. Sie merkte nie, daß es nur Theater machte. Und als Spielkamerad war es natürlich hoffnungslos.

Jetzt hieß es nicht mehr: "Weck Vater nicht auf!" sondern: "Weck Brüderchen nicht auf!"

Als Vater eines Abends von der Arbeit nach Hause kam, spielte ich im Garten Eisenbahn. Ich drehte

mich nicht um. Ich sagte nur laut vor mir hin: "Wenn mir noch ein verdammtes Baby ins Haus kommt, dann hau ich ab!" Ich duckte mich und dachte, nun würde Vater mir eine Ohrfeige geben. Aber er stand lange still und sagte gar nichts, und dann ging er ins Haus. Von dem Augenblick an verstanden Vater und ich uns anscheinend etwas besser.

Mutter war nämlich furchtbar in ihrem Getue mit dem Baby. Sogar während der Mahlzeiten stand sie auf, schaute in seine Wiege, lächelte es wie verrückt an und bat Vater, auch zu kommen. Vater hob den Kopf ein wenig und sah unsicher hin, als verstünde er nicht, was die Frau wollte. Wenn er sich beklagte, daß das Baby die ganze Nacht brüllte, wurde Mutter ärgerlich und sagte, daß es niemals weine, nur wenn ihm etwas fehle. Das bewies, wie töricht die gute Frau war, denn dem Baby fehle nie etwas, es tat sich bloß wichtig. Da war Vater doch klüger – wenn er auch nicht hübsch war. Er durchschaute das Baby ohne weiteres.

Und eines Nachts wachte ich dann auf und spürte

etwas Warmes neben mir im Bett. Ich bekam Herzklopfen vor Freude, weil ich dachte, es sei Mutter. Da hörte ich, wie das Baby nebenan jammerte, und wie Mutter leise zu ihm sagte: "Ja, ja, ja, mein Babylein!"

Sie war es also nicht. Sondern Vater. Er lag neben mir, atmete laut und war hellwach.

Anscheinend war er teufelswild. Allmählich begriff ich, warum. Jetzt war er an der Reihe. Erst hatte er mich aus dem großen Bett verjagt, und nun war er selbst weggejagt worden. Mutter kümmerte sich um niemanden mehr als um das ekelhafte Baby, und Vater und ich, wir mußten drunter leiden. Ich war schon mit fünf Jahren sehr großherzig: Rachsucht lag mir einfach nicht. Also streichelte ich ihn leise und sagte wie Mammi: "Ja, ja, ja, Daddy!"

Er war nicht gerade dankbar. "Hallo?" rief er scharf. "Bist du denn wach?"

"Nimm mich in den Arm!" bat ich, und er tat es, so gut er's konnte. Er war nichts als Knochen, der Mann, aber immerhin war es besser als gar nichts. Ich kuschelte mich an ihn und schlief ein.

Zu Weihnachten strengte er sich mächtig an und kaufte mir eine phantastisch schöne Eisenbahn. Denn seit jener Nacht war's mit den bitteren Gefühlen zwischen uns vorbei.

(*deutsch von Elisabeth Schnack*)

Lu Ssün

Das Söhnchen eines Teehaus-Besitzers ist sterbenskrank. Und offenbar helfen nur magische Speisen, und seltsame Sude bilden »Die Arznei«. Doch je mehr Zauber im Spiel ist, desto weniger beruhigen sich die Seelen

Eine herbstliche Nachmitternacht. Der Mond war bereits untergegangen, die Sonne noch nicht über den Horizont gestiegen. Nur der schwarzblaue Himmel spannte sich weithin. Außer dem Gesindel, das durch die Nacht strich, lag alles und jeder in tiefem Schlaf. Plötzlich richtete sich Vater Hua Tschuan auf. Er strich ein Zündhölzchen an und hielt es na den Docht einer völlig verschmierten kleinen Öllampe. In den beiden Stuben des Teehauses verbreitete sich ein bläulichweißer Schein.

"Väterchen Tschuan! Gehst du jetzt?" ließ sich die Stimme einer alten Frau vernehmen. Zugleich war aus der kleine Mittelstube ein Hustenanfall zu hören.

"Nun freilich." Vater Tschuan antwortete und lauschte zugleich, während er sich den Rock zuknöpfte. Dann streckte er der Frau die Hand hin: "Gib her!"

Mutter Hua kramte eine halbe Ewigkeit unter ihrem Kopfkissen. Schließlich brachte sie ein Beutelchen mit ausländischen Silbermünzen zum Vorschein und hielt es Vater Tschuan hin. Er nahm es und steckte es in seine Brusttasche. Vor Aufregung zitternd, strich

er noch zweimal mit der Hand über die Tasche, damit sie auch glatt und fest anläge. Darauf zündete er eine Laterne an, löschte die Öllampe und ging in die gegenüberliegende Stube. Ein Rascheln wurde hörbar, dem ein neuer Hustenanfall folgte. Hua Tschuan wartete, bis er vorüber war. Dann rief er leise:
"Kleiner Tschuan – daß du mir nicht aufstehst!"
"Und der Laden?"
"Den kann Mutter besorgen."
Vater Tschuan lauschte, hörte aber keine Antwort und nahm an, der Sohn sei gleich wieder beruhigt eingeschlafen. Er verließ das Haus und trat auf die Straße. Sie lag in tiefem Dunkel, ohne einen einzigen Anhaltspunkt für das Auge. Nur die Landstraße zog sich wie ein aschgraues Band vor ihm hin. Der Schein der Laterne fiel auf seine Füße, die in gleichmäßigem Wechsel ausschritten.
Hin und wieder stieß er auf ein paar Hunde, aber keiner schlug an. Es war viel kälter als im Haus, aber Vater Tschuan fühlte sich quicklebendig, als sei er an einem einzigen Tag wieder jung geworden, als trage er ein übernatürliches Können in sich, das dem Menschen neue Lebenskraft verleiht. Mit jedem Schritt holte er weiter aus. Und je länger er wanderte, desto lichter wurde die Straße, desto heller der Himmel.
Seinen Gedanken hingegeben, ging Hua Tschuan weiter. Plötzlich fuhr er erschrocken zusammen, in einiger Entfernung sah er einen Weg die Straße schneiden. Kein Zweifel – er näherte sich dem Kreuzweg.

Sofort ging er ein paar Schritte zurück, entdeckte das verschlossene Tor eines Ladens, ging schwerfällig bis unter die Dachtraufe, lehnte sich gegen die Tür und blieb so stehen. Nach kurzer Zeit spürte er die Kälte in sich hochkriechen.

"He – ein alter Mann!"

"Hat einen sitzen…"

Wieder schrak Hua Tschuan zusammen. Er riß die Augen weit auf: einige Männer, die hinter ihm her-

gekommen waren, schritten an ihm vorbei. Einer von ihnen wandte den Kopf zurück und sah zu ihm hin. Er war zwar nicht deutlich erkennbar, machte aber doch den Eindruck eines Menschen, der lange gehungert hat und jetzt etwas Eßbares sieht – Gier schien in seinen Augen aufzuglimmen. Vater Tschuan warf einen Blick auf seine Laterne, sie war ausgegangen. Er betastete seine Rocktasche, sie fühlte sich noch hart an. Darauf hob er den Kopf und hielt nach rechts und links Ausschau. Es war nichts weiter wahrzunehmen als mehrere merkwürdige Gestalten, die, gespenstergleich, zu zweit oder dritt vor- und rückwärts glitten. Als er genau hinsah, verlor sich das Geisterhaft an ihnen.

Es währte nicht lange, so sah er einige Soldaten des Weges kommen. Sohon aus der Entferung war deutlich der große Kreis zu erkenne, den sie vorn und hinten auf ihren Röcken trugen. Bei ihrem Näherkommenwurden dazu noch die dunkelroten Tressen an den Uniformen sichtbar. Einen Augenblick lang hörte Tschuan das Geräusch eilig vorüberhastender

Schritte – in der nächsten Sekunde schon war der ganze Schwarm in der fahlen Dämmerung untergetaucht. Auch die kleinen Gruppen von zwei oder drei Männern, die schon vorher dagewesen waren, verschmolzen zu einem Haufen und stürzten nach vorn. Am Kreuzweg hielten sie unvermittelt und stellten sich in einem Halbkreis auf.
Hua Tschuan starrte unentwegt in diese Richtung, aber es war weiter nichts als die Rücken der Männer zu sehen. Alle reckten, so weit es nur ging, den Hals in dei Höhe. Sie glichen einer großen Schar Enten, die eine unsichtbare Hand an den Hälsen gepackt hatte und in die Höhe hielt. Für eine Sekunde herrschte Totenstille. Dann klang ein leiser Ton auf – der ganze Haufe geriet von neuem in Bewegung. "Hu-lung-lung", ein dumpfes Rollen tönte herüber, wie von schnell dahinfahrenden Wagen. Alle drängten zurück und fluteten an der Stelle vorbei, auf der Hua Tschuan stand.
"Holla! Gib das Geld her – ich geb die Ware!" Vor Vater Tschuan tauchte ein Mann auf, schwarz von oben bis unten. Seine Augen blinkten wie zwei Schwerter, bereit, in der nächsten Sekunde auf Vater Tschuan einzustechen. Hua Tschuan schien in sich zusammenzuschrumpfen. Der Mann streckte ihm eine riesengroße Hand entgegen; mit der andern umklammerte er eine hellrote Semmel, aus der etwas Rotes aufd en Boden h inuntertropfte.
Völlig verwirrt kramte Vater Tschuan das ausländische Silbergeld hervor. Vor Aufregung zitternd, hielt

er es dem Mann hin, tat aber keinen Schritt auf diesen zu, um die Ware in Empfang zu nehmen. Das brachte den Fremden auf.

"Warum so ängstlich? Warum nehmen Sie's nicht?"

Hua Tschuan zögerte immer noch. Da griff die schwarze Gestalt nach der Laterne, riß mit einem Griff das Papiergehäuse herunter, weckelte den Dampfwecken darin ein und drückte Tschuan das Päckchen in die Hand. Mit der freien Hand grapschte er nach dem Silbergeld, wog es zwichen den Fingern, machte kehrt und ging los. "Alte Jammergestalt!" murmelte er vor sich hin.

"Für welchen Kranken soll das denn sein?" glaubte Vater Tschuan jemand fragen zu hören, aber er antwortete nicht. Sein ganzes Denken und Wollen galt einzig und allein dem Päckchen. Er trug es, wie man den eben geborenen Erben der Sippe einer zehn Generationen alten Ahnenreihe trägt. Alle anderen Dinge waren zur Zeit für ihn völlig unwichtig. Jetzt würde er das in diesem Päckchen enthaltene neue Leben auf seine eigene Familie verpflanzen und unendliches Glück daraus ernten. Die Sonne war inzwischen aufgegangen. Vor ihm lag in hellem Glanz die breite Landstraße, die geradewegs zu seinem Hause führte; hinter ihm leuchteten auf einer verwitterten Tafel an dem Kreuzweg in nachgedunkelter Goldtusche die vier Schriftzeichen:

"Zugang zum Alten Pavillon"

II

Als Vater Tschuan daheim anlangte, war das Teehaus bereits sauber aufgeräumt. Die in Reihen aufgestellten Tische glänzten spiegelblank. Gäste waren noch keine da, nur der kleine Tschuan saß an einem Tisch in der mittleren Reihe vor sienem Frühstück. Dicke Schweißtropfen perlten ihm von der Stirn; die wattierte Jacke klebte ihm am Rücken, die beiden scharf herausragenden Schulterblätter glichen dem umgedrehten Zeichen der Zahl acht. Als Vater Tschuans Blick auf das Kind fiel, erschien sofort auf seiner eben noch glatten Haut wieder die tiefe Falte zwischen den Augenbrauen. Mit weit aufgerissenen Augen und leicht bebenden Lippen stürzte seine Frau vom Herd herbei.

"Hast du's bekommen?"

"Ja, ich hab' es."

Die beiden gingen zusammen zum Herd und beratschlagten dort eine geraume Weile miteinander. Danach verschwand Mutter Hua. Nach kurzer Zeit kam sie mit einem großen getrockneten Lotusblatt zurück und breitete es auf dem Tischaus. Vater Tschuan wickelte das Ölpapier der Laterne auseinander und schlug die hellrote Semmel nun in das Lotusblatt ein. Inzwischen hatte der kleine Tschuan sein Frühstück beendet.

"Bleib nur sitzen, kleiner Tschuan!" rief die Mutter aufgeregt. "Du darfst nicht herkommen!"

Vater Tschuan hatte das Feuer im Herd geschürt. Er nahm das nephritgrüne Päckchen und das rot betupfte Laternenpapier und stopfte beides zusammen in das Herdloch. Im nächsten Augenblick loderte eine schwäzrlich-rote Flamme auf; das Teehaus füllte sich mit einem merkwürdigen Duft.

"Ein köstliches Aroma! Was eßt ihr denn Gutes?"

Vater To Bee, der Mann mit dem Buckel, war eingetreten. Er brachte den ganzen Tag im Teehaus zu. In aller Frühe kam er als erster Gast, als letzter ging er. Während er so fragte, humpelte er zu einem Ecktisch mit dem Blick auf die Straße und setzte sich. Aber niemand antwortete ihm.

"Gerösteten Reisbrei?"

Wieder keine Antwort. Vater Tschuan lief eilig herbei, um ihm Tee aufzubrühen.

"Kleiner Tschuan, komm her!" Mutter Hua rief den Sohn in die Vorderstube und stellte in der Mitte der Stube einen Schemel für ihn bereit. Der Junge setzte sich. Sie schob ihm eine Eßschale hin, tat etwas ganz Dunkles, Rundes hinein und sagte mit tonloser Stimme:

"Das mußt du aufessen, dann wirst du wieder gesund!"

Der kleine Tschuan nahm dieses schwärzliche Etwas mit zwei Fingern auf und betrachtete es einen Augenblick. Ihm war, als hielte er sein eigenes Leben in der Hand; sein Herz war von einer merkwürdigen, nicht auszudrückenden Empfindung erfüllt. Ängstlich brach er das Ding auseinander: aus der verkohlten Rinde quoll weißer Dampf hervor und verzog sich. Er sah, daß er zwei Semmelhälften in der Hand hielt.

Es dauerte gar nicht lange, da waren sie in seinem Magen verschwunden. Auch den merkwürdigen Geschmack hatte er vergessen; zurückgeblieben war nur die leere Eßschale. Die Eltern standen neben ihm, der Vater an der einen, die Mutter an der anderen Seite. Beider Augen waren starr auf ihn gerichtet, als wollten sie irgend etwas aus ihm herausziehen. Plötzlich begann sein Herz zu hämmern; er preßte beide Hände gegen die Brust – schon setzte wieder ein Hustenanfall ein.

"Jetzt mußt du ein Weilchen schlafen – und dann ist alles gut."

Der kleine Tschuan gehorchte der Mutter. Er hustete noch ein paarmal und schlief dann ein. Die Mutter wartete, bis er wieder ruhig atmete. Sie deckte ihn behutsam mit einer über und über geflickten wattierten Steppdecke zu.

III

In der Teestube wimmelte es von Menschen. Vater Tschuan hatte alle Hände voll zu tun. Mit einer großen Messingkanne eilte er von einem Gast zum anderen und goß jedem Tee ein. Unter seinen Augen lagen tiefe Schatten.

"Vater Tschuan, ist dir etwas? Wirst du krank?" erkundigte sich ein Mann mit graumeliertem Bart.

"Aber nein. Mir ist nichts."

"Nichts? – na ja, wenn einer dabei lachte, kann ja eigentlich auch nichts sein...", zog der Graubart das vorher Gesagte zurück.

"Es ist nur, weil Vater Tschuan alle Hände voll zu tun hat. Hauptsache, sein Sohn…"
Vater To Bee konnte seine Gedanken nicht zu Ende bringen. Unvermittelt polterte ein Mann mit dicken Hängebacken in die Stube. Seine schwarze ungefütterte Wolljacke war nicht zugeknöpft, ein zu weiter Gürtel liederlich um die Taille gewickelt. Kaum zur Tür herein, fuhr er schon auf Vater Tschuan los.
"Hat er's gegessen? Ist ihm jetzt besser? Hast du aber Glück gehabt, Vater Tschuan! Ein Glück! Nicht, daß ich an Zauberei glaube…"

Vater Tschuan hielt mit der einen Hand die große Teekanne, ließ die andere zum Zeichen der Ehrerbietung ruhig herabhängen und hörte lächelnd zu. Ebenso ehrerbietig hörten alle Gäste zu. Mutter Hua, auch mit dunklen Schatten unter den Augen, brachte eine Schale mit Teeblättern, legte noch eine Olive dazu, und Vater Tschuan goß heißes Wasser darüber. Auch sie lächelte freudig erregt.
"Das ist garantiert gut." Mit nichts anderem zu vergleichen. Bedenke, warm gebracht, warm gegessen!" redete der Mann mit den dicken Hängebacken unentwegt weiter.
"Ja! Das ist wirklich wahr, wenn uns Onkel Kang nicht beigestanden hätte, wie sollten wir…", bedankte sich auch Mutter Hua aus vollem Herzen.
"Garantiert gut, garantiert! Wenn es warm gegessen wird. So ein kleiner Dampfwecken mit hineingebackenem Menschenblut heilt jede Schwindsucht aus. Unter Garantie!"

Mutter Hua hörte "Schwindsucht" und erbleichte ein wenig; dieses Wort verstimmte sie. Aber im nächsten Augenblick hatte sie schon wieder ein Lächeln zuwege gebracht und zog sich eilends zurück.
Onkel Kang achtete gar nicht darauf. Mit lauter Stimme sprach er weiter, bis den kleinen Tschuan ein neuer Hustenanfall wachrüttelte.
"Was für ein Glück für euern kleinen Tschuan. Ganz bestimmt wird er wieder gesund!" sagte der Mann mit dem graumelierten Bart. "Das ist es nicht verwunderlich, daß Vater Tschuan den ganzen Tag vor sich hin schmunzelt." Dabei ging er auf Onkel Kang zu und erkundigte sich unterwürfig und leise:
"Wie ich hörte, Onkel Kang, ist der Verbrecher, den ihr heute früh hingerichtet habt, ein Sohn der Familie Sja. Welcher denn eigentlich? Und warum wurde er eigentlich hingerichtet?"
"Wer es war? Wer anders als der Sohn der Hebamme Sja, dieser junge Lump."
Onkel Kang merkte, daß alle neugierig die Ohren spitzten. Das versetzte ihn in eine gehobene Stimmung. Seine dicken Hängebacken plusterten sich auf. Je länger er sprach, desto lauter wurde seine Stimme.
"Dieser Elendswurm wollte nicht leben. Er hatte das Leben satt. Für mich ist diesmal rein gar nichts dabei abgefallen. Die Kleider, die man ihm vom Leibe gerissen, ließ der Gefangenenaufseher Hung mitgehen. Am besten ist Onkel Tschuan dabei gefahren und nach ihm noch der gnädige Herr Sja Ssan, der die Belohnung von fünfundzwanzig Lot Silber, weiß-

schimmernd wie frischgefallener Schnee, in seinem Gürtel verstaute und für mich keinen Käsch übrig hatte."

Der kleine Tschuan schlurfte aus seiner Stube herein. Beide Hände gegen die Brust gepreßt und ununterbrochen hustend, ging er an den Herd, füllte sich eine Eßschale mit kaltem Reis, goß heißes Wasser darüber, setzte sich und fing an zu essen. Seine Mutter trat neben ihn.

"Geht es dir schon besser, kleiner Tschuan?" erkundigte sie sich vorsichtig. "Hast du immer noch diesen großen Hunger?"

"Aber es wird ihm bestimmt besser werden. Ich garantierte euch dafür."

Onkel Kang hatte sich zum kleinen Tschuan umgewandt. Nun widmete er sich wieder den Gästen und fuhr in seiner Rede fort.

"Der gnädige Herr Sja Ssan ist ja ein ganz Gerissener. Hätte er ihn nicht bei der Behörde angezeigt, seine ganze Familie wäre noch enteignet und hingerichtet worden. Und wie stehen die Dinge jetzt? *Silber!* – dieser junge Strolch war wirklich niederträchtig! Als er schon eingesperrt war, hat er noch den Gefangenenaufseher aufzuwiegeln versucht!"

"Nun hör sich das einer an! Ist denn so etwas möglich!" rief aus der hintersten Reihe ein etwa zwanzigjähriger junger Mann und setzte eine ganz entrüstete Miene auf.

"Ihr müßt wissen, daß Hung ihn auf das genaueste aushorchen wollte, und dieser Lümmel hat nicht abgelassen zu diskutieren. Er behauptete, der Staat der erhabenen Mandschu-Dynasite gehöre *uns*. Überlegt doch mal. Wie kann ein vernünftiger Mensch so etwas sagen! Hung wußte ja, daß er daheim nur eine alte Mutter hat, aber er wäre nie auf den Gedanken gekommen, daß er so ein armseliger Tropf wäre. Nicht den kleinsten Tropfen Öl konnte er aus ihm herauspressen – da lief ihm eben die Galle über. Und dann wollte der Lümmel sogar dem Aufseher, dem 'Tiger', den Kopf kratzen, aber da hat der ihm zwei Maulschellen verabreicht."

"Bruder Hung hat eine sichere Hand im Boxen und Fechten. Die beiden Maulschellen haben bestimmt gesessen!" ließ sich der Bucklige aus seiner Ecke vernehmen.

"Dieser elende Wicht hat keine Angst vor den Kopfstücken gehabt. Er hat sogar gesagt, es täte ihm sehr leid um ihn."

"So einen Taugenichts verprügeln – was heißt da leid tun?" fragte der Mann mit dem graumelierten Bart.

Onkel Kangs Miene verzog sich verächtlich. Er entgegenete mit spöttischem Lächeln:

"Ihr habt offensichtlich falsch verstanden, was ich euch gesagt habe. Er hat gemeint, Hung täte ihm leid."

Die Zuschauer blickten sich plötzlich völlig verständnislos an. Die Unterhaltung stockte. Der kleine Tschuan hatte inzwischen seinen Reis aufgegessen. Er geriet beim Essen immer in Schweiß, fühlte sich, als stecke sein Kopf in einer Dampfhülle.

"Hung täte ihm leid – so ein Quatsch. Der muß ja total verrückt sein!" Dem Mann mit dem graumelierten Bart schien plötzlich eine Erleuchtung gekommen zu sein.
"Total verrückt!" wiederholte der etwa zwanzigjährige junge Mann, als sei auch ihm ein Licht aufgegangen.
Die Teehausgäste fanden zu ihrer sonstigen Lebendigkeit zurück. Das Lachen und Schwatzen erhob sich wieder.

Das Stimmengewirr verbarg einen neuen bedrohlichen Hustenanfall des kleinen Tschuan. Onkel Kang ging zu ihm hin und klopfte ihm auf die Schulter und wiederholte:
"Unter Garantie – kleiner Tschuan! Du bekommst solche Hustenanfälle nicht mehr. Unter Garantie!"
Der Mann mit dem Buckel nickte. "Verrückt!"

IV

Der Boden außerhalb des Westtores an der Stadtmauer entlang war schon immer Gemeindeland gewesen. Der von vielen Fußgängern aufs Geratewohl ausgetretene schmale Weg schlängelte sich mitten hindurch und war so zu einer natürlichen Grenze geworden. Links vom Weg wurden die hingerichteten oder mit Verhungern bestraften Verbrecher verscharrt. Rechts vom Weg lagen die Gräber der Armen. Die Grabhügel lagen zu beiden Seiten des Weges wie die Weizenbrotlaibe zum Geburtstag im Hause eines reichen Mannes eng nebeneinander.

In diesem Jahr war es zum Tjing-Ming-Fest, an dem man der Toten gedenkt und zugleich die Wiederkehr des Frühlings feiert, noch ungewöhnlich kalt. An den Weiden begannen gerade die erste Knospen, groß wie halbe Reiskörner, zu sprießen. Kurz vor dem Morgengrauen hatte Mutter Hua auf der rechten Seite vom Weg vor einem frisch aufgeschütteten Kindergrab vier Eßschalen mit Gemüse und einen Topf Reis niedergestellt und bitterlich weinend ihre Andacht verrichtet. Nachdem sie noch Papiergeld verbrannt hatte, setzte sie sich völlig benommen vor dem Grab auf den Erdboden. Ihr war, als müsse sie auf etwas warten, obgleich sie nicht hätte sagen können, worauf eigentlich. Ein leichter Wind kam auf und strich durch ihr kurzes Haar. Wie grau es seit dem vergangenen Jahr geworden war!

Eine zweite Frau, grauhaarig wie sie, in zerlumpter Kleidung, kam den schmalen Weg herauf. Sie trug einen zerlöcherten, rotlackierten runden Korb, an dem ein Päckchen Papiergeld baumelte. Nach jedem dritten Schritt verhielt sie. Plötzlich wurde sie die auf dem Boden kauernde und ihr entgegenschauende Mutter Hua gewahr. Wieder verhielt sie; ein Ausdruck schamhafter Verlegenheit überzog ihr leichenfahles Gesicht. Dann aber bot sie mit trotziger Miene vom Weg zu einem Grab auf der linken Seite ab, vor dem sie ihren Korb absetzte.

Dieses Grab lag auf der linken Seite dem des kleinen

Tschuan auf der rechten genau gegenüber, nur der Fußpfad lag dazwischen. Mutter Hua sah zu, wie die Frau vor dem Grabe vier Eßschalen mit Gemüsen und einen Topf Reis aufstellte, wie sie sich dann, bitterlich weinend, von ihrer Andacht aufrichtete und das Papiergeld verbrannte. Es kam ihr der Gedanke, daß in jenem Grabe auch einer Mutter Sohn ruhe. Die betagte Frau schaute sich mit leerem Blick um. Plötzlich überfiel sie ein Zittern. Sie schwankte, taumelte einige Schritte zurück, blieb dann, wie im Krampf erstarrt, mit weitaufgerissenen Augen stehen.

Mutter Hua sah das alles und erschrak. Sie fürchtete, der Schmerz könnte die Frau um den Verstand bringen. Sie stand auf, ging über den schmalen Pfad hinweg auf die andere Seite und sagte leise:

"Ni dschö wee, lau nai-nai! – Würdige alte Dame! Du darfst es dir nicht so zu Herzen nehmen. Wir wollen zusammen zurückgehen."

Die Frau nickte nur unmerklich. Ihr Blick aber blieb starr geradeaus gerichtet. Dann sagte sie leise und stockend:

"Sieh doch nur! Was soll das bedeuten?"

Mutter Huas Augen folgten dem weisenden Finger und blieben auf dem Grab zu ihren Füßen haften. Überall zwischen dem spärlich wachsenden Gras zeigen sich die kahlen Flecke gelben Bodens. So bot es einen abschreckenden, trübseligen Anblick. Aufmerksam ließ Mutter Hua ihre Augen über den Hügel gleiten – erschrocken fuhr sie zusammen:

deutlich hob sich am Kopfende des Grabes ein Kreis roter und weißer Blumen ab.
Beider Augen waren schon alt, doch diese roten und weißen Blumen vor ihnen konnten sie noch klar erkennen. Es waren nicht viele. Zu einem Kranz geordnet und nicht mehr ganz frisch, waren sie trotzdem schön anzusehen. Mutter Hua warf schnell einen Blick auf das Grab ihres Kindes, dann auf die übrigen Gräber. Auf allen standen nur einzelne, farblose Blümchen. Sie waren sehr kälteempfindlich und lugten wie winzige blaue und weiße Sterne hervor. – Ein unerklärliches Gefühl der Schwere, der völligen Leere bemächtigte sich ihrer. Was konnte es mit diesem Kreis roter und weißer Blumen auf sich haben?
Die andere Frau trat an das Grab heran und untersuchte sie. Wie im Selbstgespräch sagte sie:
"Ohne Wurzeln! Sie sind also nicht hier gewachsen… Aber wer kommt schon in diese Gegend? Kinder spielen hier nicht, und unsere Verwandten waren schon lange nicht mehr am Grab. Was kann das nur bedeuten?"
Sie grübelte und grübelte – plötzlich brach sie in Tränen aus und rief laut:
"Mein lieber Soh Jü! Alle haben dir Unrecht getan. Du hast das noch immer nicht vergessen – hast dein Leid noch immer nicht verwunden und heute dieses Wunder vollbracht, weil du mich daran erinnern willst!"
Sie schaute sich um. Auf einem kahlen Baum sah sie eine Krähe sitzen und sprach weiter:

"Ich weiß es! Mein lieber Sohn Jü! Elendiglich hingemordet haben sie dich. Aber sie werden erfahren, daß es eine Vergeltung gibt! Der Himmel weiß alles. Nun schließe die Augen und schlafe in Frieden. – Wenn du wirklich zugegen bist und meine Worte hörst... laß diese Krähe über dein Grab fliegen. Gib mir ein Zeichen!"

Der Wind hatte sich wieder gelegt. Die dürren Grashalme standen aufgerichtet wie Stacheln aus Kupferdraht. Ein feines Klingen erfüllte die Luft, wurde schwächer, erstarb in der Ferne. Still wie der Tod wurde es ringsum. Die beiden Frauen standen in dem dürren Gräsergewirr und beobachteten die Krähe. Sie hockte mit eingezogenem Kopf noch immer auf dem wie ein Pinselstrich in die Luft ragenden Ast – wirkte wie aus Eisen gegossen.

Die Zeit verstrich. Immer mehr Friedhofsbesucher, alte und junge, fanden sich ein und verteilten sich an den Gräbern.

Ohne zu wissen warum, glaubte Mutter Hua eine drückende Last von sich genommen. Sogleich dachte sie ans Fortgehen.

"Wir wollen heim jetzt!" drängte sie.

Die andere Frau seufzte tief auf. Mit einer müden Bewegung nahm sie die Eßschale und den Reistopf vom Boden auf, zögerte noch ein wenig, wandte sich schließlich langsamen Schritts ab. Unentwegt murmelte sie, sich selbst fragend, vor sich hin:

"Was das nur bedeuten soll..."

Nach zwanzig oder dreißig Schritten hörten sie hinter sich ein lautes "Krah". Erschrocken blickten beide zurück – sie sahen die Krähe die Flügel ausbreiten, den Körper straffen und wie ein Pfeil abfliegen – dem unendlichen Himmelsraum entgegen.

(*deutsch von Johanna Herzfeldt*)

Thomas Schwab

Die beiden Platzhalter für die moderne, das heißt westlich rasche Form der Tee-Zeremonie, das »Tee-Ei« und der »Teebeutel«, sind in zwei Ding-Gedichten als Kobolde lebendig geworden. Und so tauchen sie beherzt in die Fluten

Tee-Ei

Unauslöffelbar Löchriges
Aus hitzig-heißem Metall.
Brütbares und Überbrühbares,
Von Tierlosem gelegt.

Und doch Schale und Ei.

Daß die tausend Knospen
In dampfenden Tassenbädern
Sich mit Zuckerlaugen mischen,
In Gaumengründen verschlürfen.

Teebeutel

Angelhaken ohne Beute und Angel:
Sie werfen ihre papierenen Säcke aus
In Tonböden, Luft oder Wasserfälle,
Daß gefangene Blätter sich vollsaugen,

Die durch keine Gitter entrinnen,
Aromen wie Winde dem Wasser verteilen.
Dann liegen sie in den Mülleimern
Wie Kondome nach Aufnahme von Fracht.

Kraftlos, verbrüht und keuchend
In unausgehbar aquarienlosen Käfigen.

James Joyce

Im Riesenroman »Ulysses« bereitet der Anzeigenvertreter Leopold Bloom seiner Frau Molly einen Morgentee. Derweil reicht es brenzlig in seiner Pfanne

Mr. Leopold Bloom aß mit Vorliebe die inneren Organe von Vieh und Geflügel. Er liebte dicke Gänsekleinsuppen, leckere Muskelmägen, gepicktes Bratherz, panierte, kroß geröstete Leberschnitten, gerösteten Dorschrogen. Am allerliebsten hatte er gegrillte Hammelnieren, die seinem Gaumen einen feinen Beigeschmack schwachduftigen Urins vermittelten.

Nieren beschäftigten seine Gedanken, während er sich sacht in der Küche umherbewegte und ihr Frühstück richtete auf dem bucklig verzogenen Tablett. Eiskalt waren Licht und Luft in der Küche, doch draußen überall linder Sommermorgen. Er bekam richtig etwas Appetit.

Die Kohlen begannen sich zu röten.

Noch eine Scheibe Brot mit Butter: drei, vier, recht so. Sie mochte ihren Teller nicht zu voll. Er wandte sich ab von dem Tablett, hob den Kessel vom Herdeinsatz und stellte ihn seitwärts aufs Feuer. Da hockte er, plump und vierschrötig, die Tülle vorgestreckt. Bald eine Tasse Tee. Gut. Trockener Mund. Die

Katze umschritt steif ein Tischbein, den Schwanz in der Höh.
– Mkgnau!

…
Er lauschte ihrem lappenden Schlecken. Schinken und Eier, nein. Gibt keine guten Eier jetzt bei der Dürre. ‘s braucht reines frisches Wasser dazu. Donnerstag: auch für Hammelnieren kein guter Tag, bei Buckley. Geröstet in Butter, ein Schuß Pfeffer. Lieber doch eine Schweinsniere von Dlugacz. Inzwischen kocht auch das Wasser. Sie lappte langsamer, schleckte die Untertasse dann rein. Wieso haben die eigentlich so rauhe Zungen? Zum besser schlecken, lauter poröse Löcher. Nichts da, was sie fressen kann? Er schaut sich um. Nein.
In gedämpft knarrenden Stiefeln ging er die Treppe zum Flur hinauf, blieb vor der Schlafzimmertür stehen. Vielleicht hatte sie Appetit auf was Leckeres. Dünnes Brot mit Butter mag sie gerne morgens. Das heißt, vielleicht: gelegentlich immer mal.
Er sagte im kahlen Flur:
– Ich geh nur rasch um die Ecke. Bin gleich wieder da.
Und als er seine Stimme das hatte sagen hören, fügte er hinzu.
– Du möchtest nichts Besonderes zum Frühstück?
Ein schläfrig schlaffes Grunzen antwortete:
– Mn.
Nein. Sie mochte nichts Besonderes. Er hörte noch

ein warmes schweres Seufzen, schlaffer, als sie sich auf die andere Seite drehte und die losen Messingringe der Bettstatt klingelten. Muß die Dinger wirklich festmachen lassen. Ein Jammer. Von so weit her, von Gibraltar. Das bißchen Spanisch, was sie mal konnte, ist vollständig futsch. Möchte wohl wissen, was ihr Vater dafür ausgegeben hat damals. Ziemlich altmodisches Ding. Ah ja, natürlich. Auf der Gouverneurs-Auktion gekauft. Hats glatt für einen Pappenstiel gekriegt. Hart wie ein Nagel, wenns ums Geschäft ging, der olle Tweedy. Jawoll, Sir. Bei Plevna war das. Ich habe von der Pike auf gedient, Sir, da bin ich stolz drauf. Aber dann hatte er doch auch wieder Grips genug, die Anlage in Briefmarken zu machen damals. Also da hat er ganz schön Weitblick gehabt. Seine Hand nahm den Hut vom Haken über dem schweren Überrock mit seinen Initialien und dem auf dem Fundbüro gebraucht gekauften Regenmantel. Briefmarken: Bildchen mit klebriger Rückseite. Also bestimmt haben auch massenhaft Offiziere da ihre Finger mit drin. Natürlich haben sie das. Die durchschwitzte Legende im Oberteil seines Huts unterrichtete ihn stumm: Plastos prima Qualitäts-Hut. Er spähte rasch hinter das lederne Schweißband. Ein weißer Streifen Papier. Vollkommen sicher da.

…

Grauer Schauder versehrte sein Fleisch. Das Blatt in die Tasche faltend, bog in die Eccles Street ein, eilig, nach Hause zu kommen. Kalte Öle schlüpften durch seine Adern, durchfrösteln sein Blut: Uralter umkrustete ihn wie ein Mantel von Salz. Ja, und ich bin also jetzt hier. Morgenstunde, flau im Munde. Ungute Bilder, so früh. Bin mit dem linken Bein zuerst aus dem Bett gestiegen. Muß wieder mit den Sandowschen Übungen anfangen. Runter auf die Hände. Fleckige braune Backsteinhäuser. Nummer achtzig immer noch unvermietet. Wieso eigentlich? Taxwert doch bloß achtundzwanzig. Towers, Battersby, North, MacArthur: Wohnzimmerfenster bepflastert mit Zetteln. Pflaster auf einem schlimmen Auge. Den feinen Tee-Dunst riechen, Dampf von der Pfanne, zischende Butter. Nahe sein ihrem schwellenden bettwarmen Fleisch. Ja, ja.

Flinkes warmes Sonnenlicht kam von der Berkeley Road gelaufen, geschwind, auf leichten Schuhen, entlang dem erglänzenden Fußsteig. Läuft, es läuft, um sich mit mir zu treffen, ein Mädchen mit goldenem Haar im Wind.

Zwei Briefe und eine Karte lagen auf dem Flurboden. Er blieb stehen und sammelte sie ein. Mrs. Marion Bloom. Sein schnelles Herz verlangsamte alsbald seinen Schlag. Kühne Hand. Mrs. Marion.

– Poldy!

Als er das Schlafzimmer betrat, schloß er halb die Augen und ging durch warmes gelbes Zwielicht auf ihren zerzausten Kopf zu.

– Für wen sind die Briefe?

Er sah nach. Mullingar. Milly.

– Ein Brief für mich von Milly, sagte er sorgsam, und eine Karte an dich. Und ein Brief für dich.
Er legte ihr Karte und Brief neben die Wölbung ihrer Knie auf die geköperte Bettdecke.
– Willst du das Rouleau hoch haben?
Während er das Rouleau in sanften Rucken halb hochließ, bemerkte sein rückwertiges Auge, wie sie einen Blick auf den Brief warf und dann unter ihr Kissen steckte.

– Reicht das ? fragte er sich umwendend.
Sie war mit dem Lesen der Karte beschäftigt, auf den Ellebogen gestützt.
– Sie hat die Sachen gekriegt, sagte sie.
Er wartete, bis sie die Karte beiseite gelegt und sich mit einem behaglichen Seufzer wieder in die Kissen geschmiegt hatte.
– Beeil dich mit dem Tee, sagte sie. Ich bin ganz ausgedörrt.
– Der Kessel kocht schon, sagte er.
Aber er zögerte noch, um erst den Stuhl abzuräumen: ihren gestreiften Unterrock, hingeworfene schmutzige Wäsche: er raffte alles zu einem Armvoll zusammen und legte es zu Füßen auf das Bett.
Als er die Küchentreppe hinunterging, rief sie:
– Poldy?
– Was?
– Brüh die Teekanne vorher aus.
Natürlich schon am Kochen: eine Feder von Dampf aus der Tülle. Er brühte die Teekanne aus, schwenkte sie, schüttete weg, und tat vier volle Löffel Tee

hinein, den Kessel dann schrägend, um Wasser einfließen zu lassen. Nachdem er sie zum Ziehen hingesetzt hatte, nahm er den Kessel fort, drückte die Pfanne flach auf die glühenden Kohlen und sah zu, wie der Klumpen Butter glitt und zerging. Während er die Niere auspackte, maunzte die Katze hungrig zu ihm auf. Gibt man ihr zu viel Fleisch, geht sie nicht mehr auf Mäuse. Angeblich fressen sie ja Schweinefleisch überhaupt nicht. Koscher. Da. Er ließ ihr das blutbeschmierte Papier hinfallen und senkte die Niere mitten in die aufzischende Butter. Pfeffer. Er streute durch seine Finger, in kreisenden Bewegung, aus dem angeschlagenen Eierbecher.

Dann schlitzte er seinen Brief auf und überflog Vorder- und Rückseite. Dank: neue Wollmütze: Mr. Coghlan: Picknick am Loch Owel: junger Student: Blazes Boylans Strandmädchen.

Der Tee hatte gezogen. Er füllte seine eigene Schnurrbarttasse, imitiertes Crown derby, lächelte. Von der tollen Milly, zum Geburtstag. Erst fünf war sie damals. Moment, nein: vier. Ich hab ihr das Halsband aus unechtem Bernstein geschenkt, das sie dann zerriß. Sowas, gefaltete Stücke Packpapier, in den Briefkasten zu stecken für sie! Er lächelte beim Einschenken.

O Milly Bloom, du bist mein Schätzchen.
Du bist mir Tag und Nacht mein
liebstes Spätzchen.
Ich hab dich ohne einen einzigen Heller
Viel lieber als Katey Keogh mit Küch und Keller.

Der arme alte Professor Goodwin. Gräßlicher alter Sonderling. Trotzdem, ein höflicher alter Knabe war er ja. Altmodische Art, wie er Molly immer vom Podium herunterdienerte. Und der kleine Spiegel in seinem Zylinder. An dem Abend, wo er Milly das Ding ins Wohnzimmer brachte. Seht doch mal, was ich da in Professor Googwins Hut gefunden habe! Wir lachten alle. Sogar damals schon brach das Geschlecht in ihr durch. Keckes kleines Stück war sie.

Er stach eine Gabel in die Niere und schlappte sie herum: setzte dann die Teekanne auf das Tablett. Der Buckel darin knackte, als er es aufnahm. Alles drauf? Brot, Butter, vier Zucker, Löffel, ihre Sahne. Ja. Er trug es die Treppe hinauf, den Daumen in den Teekannenhenkel gehakt.

Die Tür mit dem Knie aufstupsen, trug er das Tablett hinein und setzte es auf den Stuhl am Kopfende des Bettes.

– Wie lange du wieder gebraucht hast, sagte sie.

Die Messingringe klingelten, als sie sich energisch aufrichtete, einen Ellbogen auf dem Kissen. Er blickte ruhig nieder auf ihren massigen Leib und zwischen ihre großen weichen Peppen, die in ihrem Nachthemd zur Seite hingen wie ein Ziegeneuter. Die Wärme ihres hingekuschelten Körpers stieg in die Luft, sich mischend mit dem feinen Duft des Tees, den sie sich einschenkte.

Ein Streifen zerissener Umschlag lugte unter dem eingedellten Kissen hervor. Schon im Begriff zu gehen, hielt er an, um die Bettdecke glatt zu streichen.

– Von wem war denn der Brief? fragte er.
Kühne Hand. Marion.
– Ach von Boylan, sagte sie. Er bringt das Programm vorbei.
– Was singst du denn?
– *La ci darem* mit J.C. Doyle, sagte sie, und *Love's Old Sweet Song.*
Ihre vollen Lippen, trinkend, lächelten. Ziemlich schmaler Geruch, den Weihrauch hinterläßt am nächsten Tag. Wie fauliges Blumenwasser.

– Möchtest du vielleicht das Fenster ein bißchen auf haben?
Sie schob eine Doppelscheibe Brot in den Mund und fragte:
– Um wieviel Uhr ist die Beerdigung?
– Um elf, glaube ich, antwortete er. Hab noch keine Zeitung gesehen.
Ihrem Fingerzeig folgend, nahm er ein Bein ihrer schmutzigen Schlüpfer vom Bett auf. Nein? Dann ein verdrehtes graues Strumpfband, geschlungen um einen Strumpf: zerknitterte glänzende Sohle.
– Nein: das Buch.
Der andere Strumpf. Ihr Unterrock.
– Es muß runtergefallen sein, sagte sie.
Er tastete herum, hier und dort. *Voglio e non vorrei.* Möchte wissen, ob sie das richtig ausspricht: *voglio.* Also im Bett jedenfalls nicht. Muß runtergerutscht sein. Er bückte sich und hob die Bettgardine. Das Buch heruntergefallen, spreizte sich an der Bauchung des orangenen Nachttopfs.

– Zeig her, sagte sie. Ich hab ein Zeichen reingelegt. Da ist ein Wort, wo ich dich fragen wollte.

Sie schlürfte einen Schluck Tee aus ihrer Tasse, die sie nicht henklig umfaßt hielt, und nachdem sie sich flink die Fingerspitzen an der Bettdecke abgewischt hatte, begann sie den Text mit der Haarnadel abzusuchen, bis sie auf das Wort stieß.

– Mit ihm was? fragte er.

– Hier, sagte sie. Was bedeutet das?

Er beugte sich nieder und las neben ihrem polierten Daumennagel.

– Metempsychose?

– Ja. Wie sieht der Kerl im Hemd aus?

– Metempsychose, sagte er, die Stirn in Falten. Das ist griechisch: aus dem Griechischen. Es bedeutet die Transmigration der Seelen.

– Ach du dickes Ei! sagte sie. Kannst du das nicht noch etwas schwieriger erklären?

Er lächelte, ein Seitenblick streifte ihr spöttisches Auge. Dieselben jungen Augen. Die erste Nacht nach den Scharaden. Dolphin's barn. Er wandte die speckigen Seiten um. *Ruby: der Stolz der Arena.* Halloh! Eine Abbildung. Wilder Italiener mit Kutscherpeitsche. Muß wohl dieser Ruby sein, der Stolz der, auf den Boden da, nackt. Bettuch, freundlich gestellt. *Der Unhold Maffei ließ von seinem Opfer und schleuderte es mit einem Fluche von sich.* Überall Grausamkeit dahinter. Gedopte Tiere. Am Trapez im Hengler. Hab wegsehn müssen. Pöbel, gaffend. Brecht euch den Hals, und wir lachen uns tot. Ganze

Familien. Immer man jung entbeint, dann können sie Metempsychose. Daß wir weiterleben nach dem Tod. Unsere Seelen. Daß eines Menschen Seele, wenn er stirbt. Dignams Seele…
– Bist du durch damit? fragte er.
– Ja, sagte sie. Steht nichts Deftiges drin. Ist sie eigentlich die ganze Zeit in den ersten Typ verliebt?
– Habs nie gelesen. Willst du ein anderes?
– Ja. Hol mir wieder eins von Paul de Kock. Der hat so einen hübschen Namen.
Sie goß sich Tee nach in ihre Tasse, betrachtete den Strahl von der Seite.
Muß das Buch aus der Capel-Street-Bücherei verlängern lassen, sonst reklamieren sie garantiert bei Kearney, meinem Bürgen. Reinkarnation: das ist das Wort.
– Manche Leute glauben, sagte er, daß wir nach dem Tode in einem anderen Körper weiterleben, daß wir vorher auch schon gelebt haben. Sie nennen das Reinkarnation. Daß wir alle schon vor tausenden von Jahren auf der Erde gelebt haben oder auf einem andern Planeten. Sie sagen, wir haben es nur vergessen. Manche behaupten, sie erinnern sich sogar an ihr früheres Leben.
Die schliere Sahne wand sich in gerinnenden Spiralen durch ihren Tee. Sie lieber doch an ihr Wort erinnern: Metempsychose. Am besten ein Beispiel.
Das *Bad der Nymphe* über dem Bett. Gratisbeilage zur Osternummer der *Photo Bits*: Herrliches Meisterwerk in künstlerischen Farben. Tee bevor man Milch hin-

eintut. Nicht unähnlich ihr, wenn sie ihr Haar gelöst hat: schlanker nur. Drei-sechs hat der Rahmen mich gekostet. Sie fand, er würde nett aussehen über dem Bett. Nackte – Nymphen: Griechenland: und zum Beispiel alle Leute, die damals lebten. Er blätterte die Seiten zurück.

– Metempsychose, sagte er, ist der Ausdruck, den die alten Griechen dafür hatten. Sie glaubten, man könnte zum Beispiel in ein Tier oder einen Baum

verwandelt werden. Was sie Nymphen nannten zum Beispiel.

Ihr Löffel hörte auf, den Zucker umzurühren. Sie starrte vor sich hin, Luft holend durch ihre gewölbten Nüstern.

– Das riecht doch verbrannt hier, sagte sie. Hast du was auf dem Feuer gelassen?

– Die Niere, schrie er jäh.

Er stopfte ungestüm das Buch in seine Innentasche und eilte, mit den Zehen gegen die kaputte Kommode stoßend, hinaus, dem Geruch entgegen, stapfte hastig die Treppe hinab mit den Beinen eines ängstlichen Storchs. Beißender Qualm schoß in wütendem Strahl von der einen Seite der Pfanne auf. Indem er eine Zinke der Gabel unter die Niere grub, löste er diese und drehte sie wie eine Schildkröte auf den Rücken. Bloß ein bißchen angebrannt. Er stieß sie aus der Pfanne auf einen Teller und ließ den kärglichen Rest braunen Fleischsafts darübertröpfeln.

Jetzt eine Tasse Tee. Er setzte sich nieder, schnitt sich eine Scheibe vom Brotlaib ab und bestrich sie mit

Butter. Er schor das angebrannte Fleisch herunter und warf es der Katze hin. Dann schob er eine Gabelvoll in den Mund und kaute mit Bedacht das schmackhaft geschmeidige Fleisch. Gerade richtig. Einen Mundvoll Tee. Dann schnitt er sich ein paar Brotwürfel, stippte einen in den Saft und schob ihn in den Mund. Was war das gewesen, ein junger Student und ein Picknick? Er strich den Brief neben sich glatt und las ihn langsam, während er kaute, einen weiteren Brotwürfel in den Saft stippte und ihn zum Munde hob.

(*deutsch von Hans Wollschläger*)

Ernest Hemingway

»Die grünen Hügel Afrikas« bilden die Kulisse für eine ausgedehnte Jagd. Aber gleich ob in den Bars von New York oder Madrid oder im Busch – einem Vollblut-Abenteurer wie Hemingway kann man sein Leibgetränk nicht abspenstig machen

230 M'Cola blieb wie angewurzelt stehen, beugte sich vor, um sich den feuchten Sand zu besehen, und flüsterte mir dann "Mann" zu. Da war die Spur.

"Shenzi", sagte er, was wilder Mann bedeutet.

Wir nahmen die Spur des Mannes auf, bewegten uns langsam zwischen den Bäumen hindurch und schlichen vorsichtig um die Lecke herum, hinauf und in den Schirm. M'Cola schüttelte den Kopf.

"Nichts taugen", sagte er. "Weiter."

Wir gingen zur Lecke hinüber. Da stand alles deutlich geschrieben. Da waren die Fährten von drei großen Kuduböcken auf der feuchten Böschung jenseits der Lecke, wo sie zum Salz gekommen waren. Dann waren da die hastigen, tiefen, wie mit dem Messer geschnittenen Fährten, wo sie einen Satz gemacht hatten, als der Bogen schwirrte, und die fetzenden, tief ein geprägten Spuren ihrer Hufe, als sie los- und die Böschung hinaufgeprescht waren, und dann, in weiten Abständen, die Fährten, die in den Busch liefen. Wir folgten ihnen allen dreien, aber es gesellte sich keine Menschenspur hinzu. Der Bogenschütze hatte sie verfehlt.

M'Cola sagte "Shenzi" und legte seinen ganzen Haß in das Wort. Wir nahmen die Spuren des Shenzi auf und sahen, wo er wieder auf die Straße gestoßen war. Wir ließen uns im Schirm nieder und warteten dort, bis es dunkel wurde und ein feiner Regen niederzufallen begann. Nichts kam zum Salz. Im Regen legten wir den Weg zum Lastwagen zurück. Irgendein Wilder hatte auf unsere Kudus geschossen und sie vom Salz verscheucht, und jetzt wurde die Lecke unbrauchbar.

Kamau hatte ein Zelt aus einer großen Segeltuchplane aufgerichtet, mein Moskitonetz drinnen aufgehängt und meine Hängematte aus Segeltuch zurechtgemacht. M'Cola brachte das Essen in das schützende Zelt.

Garrick und Abdullah machten ein Feuer, und sie, Kamau und M'Cola kochten über ihm. Sie würden im Lastwagen schlafen. Es nieselte, und ich entkleidete mich, zog mir Moskitostiefel und einen warmen Pyjama an und saß auf der Hängematte, aß die Brust von einem gebratenen Perlhuhn und trank ein paar Blechtassen halb Whiskey, halb Wasser.

M'Cola kam herein, ernst und fürsorglich; innerhalb eines Zeltes war er sehr linkisch, holte meine Kleidungsstücke, die ich zusammengefaltet hatte, um ein Kopfkissen daraus zu machen, wieder heraus und faltete sie sehr unordentlich von neuem zusammen und steckte sie unter die Decken. Er hatte drei Büchsen mitgebracht, ob ich sie nicht geöffnet haben wolle.

"Nein."
"Chai?" fragte er.
"Zum Teufel damit."
"Kein chai?"
"Whiskey besser."
"Ja", sagte er mitfühlend. "Ja."
"Chai am Morgen. Vor der Sonne."
"Ja, B'wana Kumba."
"Du schlaf hier. Aus dem Regen raus." Ich zeigte auf das Segeltuch, wo der Regen das schönste Geräusch machte, das wir, die wir viel außerhalb von Häusern leben, je hören. Es war ein wunderbares Geräusch, obschon es uns alles versaute.

"Ja."
"Geh, los. Essen."
"Ja. Kein chai?"
"Zum Teufel mit deinem Tee."
"Whiskey?" fragte er hoffnungsvoll.
"Schluß mit Whiskey."
"Whiskey", sagte er vertrauensvoll.
"Schön", sagte ich. "Geh essen", und ich goß die Tasse halb voll und halb mit Wasser, kroch unter der Moskitobarre durch, suchte meine Kleidungsstücke zusammen, machte von neuem ein Kissen aus ihnen und trank, auf der Seite liegend, auf den Ellbogen gestützt, den Whiskey sehr langsam herunter, dann ließ ich die Tasse unter der Barre auf die Erde fallen, tastete unter der Hängematte nach der Springfield, legte die Taschenlampe unter die Decke ins Bett neben mich und schlief ein, während ich dem Regen

lauschte. Ich wachte auf, als ich M'Cola hereinkommen hörte, und ich wachte einmal in der Nacht auf und hörte ihn neben mir schlafen, aber am Morgen war er auf und hatte den Tee gemacht, ehe ich wach war.

"Chai", sagte er und zog an meiner Decke.

"Scheiß-Tee", sagte ich und setzte mich noch im Schlaf auf.

Marcus Bernhard Hartmann

»Eine Tasse Tee« und ähnlich winzige Anlässe sind es, die in dem Buch "Mit den leicht vertrockneten Farben unserer innersten Sehnsucht" die Sprache auf die Suche nach dem wahren Gewicht der Dinge schicken. Der Tee bleibt ein Meditationswasser

 Goldbraun ergießt sich der Darjeeling in die Porzellantasse, wirbelt umher bis, rasch beruhigt, er wie in eine Form gegossen beginnt zu kühlen. Ich betrachte den Aufguß, die Bläschen, die nach und nach verschwinden, die Spiralen des feinen Dampfes, die wenig über der Tasse vergehen. Kultur des Genießens zeigt sich im Bild vom Tee bestimmten Tischgedeckes, so eine akkurate, schon fast penible Prozedur und die dem Kredenzen vorausgehend, das Vergnügen noch verfeinert. Es sind die scheinbar unwesentlichen, nennen wir sie in ihrer eigentlichen Bedeutung Forderungen, die bei striktem Befolgen einen Aufwand mit sich bringen, die ihrerseits den Genuß zusätzlich beseelen. Das Wiegen der Teeblätter, dieser kleinen und zusammengerollten, der besonderen Herkunft und der Sorgfalt eines traditionsreichen Teegartens gewiß, jenes vorsichtige Beschweren der einen Waagschale – wie ein Spiel erscheint's – vermittelt Sensibilität. Das Wasser außerdem, es hat seinerseits ebenfalls einer Qualität zu genügen, ist mindestens so aufmerksam zu behandeln. Allein die Veredelung des Grundsätzlichen von Leben macht es mir so bedeutungsvoll und gar zeremoniell, bereichert das Zubereiten den ersehnten Trinkgenuß. Eine Tasse Tee ist da kaum ein nur zu konsumierendes Getränk, vielmehr sei sie ein Bewußtsein, etwas von der Besonderheit, die wir der Gleichgültigkeit von Belanglosem dazutun könnten. Die gemessene Zeit, die wenigen Minuten, die für die Entfaltung einer Frühjahrspflückung im kochenden Wasser erforderlich, kann schon Teil dieser Besonderheit sein. Zumindest waren wir nie so auffällig wie die eben beschriebenen. Es entwickelt sich ein Gefühl der Zeit. Die immer wiederkehrende Aufmerksamkeit konkretisiert fast substanziell was sonst flüchtig. Ein sublimierter Gedanke, durchaus, die Teetasse – ein philosophischer Diskurs? Doch findet die sophistische Suche ihren Anfang nicht oft im Unscheinbaren, in der Betrachtung einer Selbstverständlichkeit? Ob die Idee sich als These verspricht oder aber als Aporie entlarvt, sei augenblicklich gleichviel. Mir war's nur um die Bedeutung einer Tasse Tee.

Jenny Aloni

»Ein phantastisches Haus« füllt sich bis in die hintersten Winkel mit mittelalterlich buntem Leben – und zuletzt fehlt darinnen nur noch jene Art von Räumlein, die man andernorts euphemistisch "Teestube" nennen würde

236 Als das Haus mit Druckern, Feinmechanikern, Schustern, Wollstrickern und Diamantenschleifern schon mehr als voll belegt war, und sogar in dem eigentlich zum Luftschutzraum bestimmten Keller Vorräte von leicht entzündbaren Farben und Chemikalien lagerten, sich außerdem beim besten Willen nirgends mehr, weder auf dem Dach noch auf dem Hof ein weiteres Gefäß ankleben ließ, kam dem Besitzer der Gedanke, daß es sich lohnen müßte, ein Café zu errichten, welches die einzelnen Betriebe, besonders aber die menschenreichen Diamantenschleifereien mit Tee, Gazos, Kuchen, Zigaretten und ähnlichem versorgte. Es fand sich auch ein Ehepaar, welches bereit war, ihm für die Erlaubnis zu zahlen. Auch ein Platz fand sich. Vor einer der elenden und immer stinkenden Toiletten erschien neben dem nie richtig schließenden Wasserhahn mit seinem verdreckten Becken eine Kiste und auf der Kiste ein Primus und auf dem Primus ein Kessel. Die Frau scheuerte das Becken und es erwies sich, daß, was Optimisten als Rost angesehen hatten, in Wirklich-

keit nur gewöhnlicher Schmutz war. Wer jetzt die Toilette benutzen wollte, mußte die Frau, welche mit Kochen und Spülen beschäftigt war, bitten, ihn passieren zu lassen.
Die Teezubereitung spielte sich folgendermaßen ab. Die Frau schüttete Essenz und heißes Wasser in das Glas. Der Mann zog aus seiner linken Hosentasche eine angeschnittene Zitrone, preßte ein paar Tropfen in den Tee, steckte sie in die Hose zurück und zog aus der rechten Tasche ein Stück Zucker. Später, als der Umsatz stieg, sahen sie sich gezwungen, einen Tisch hinzuzufügen, der aus der ihnen zugewiesenen Ecke in den Treppenaufgang hinausragte.
Es ergibt sich hieraus, daß die Bewohner es doch vorzogen, sich von ihnen bedienen zu lassen, statt sich ihren eigenen Tee zu brauen oder durstig zu bleiben. Nur die beiden Feinmechaniker, die nächsten Nachbarn des Cafés, vermochten ihre hygienischen Bedenken nicht zu überwinden. Es ist jedoch nicht ausgeschlossen, daß auch Groll über die Einschränkung ihrer Bewegungsfreiheit mitspielte. Und dann zeigten sie zuweilen im Gespräch einen intellektuellen Anflug, genug, um nicht in den Rahmen des Gebäudes zu passen. Jedenfalls blieben sie als einzige konsequent in ihrem Boykott und kauften sogar ihre Zigaretten lieber in einem mehrere hundert Meter entfernt gelegenen Kolonialwarenladen.

Vern Sneider

»Die Geishas des Captain Fisby« haben sich entschlossen, ein eigenes Teehaus zu errichten. Ein japanisches Dorf steht dabei Kopf

238 "Jetzt", flüsterte Sakini, "müssen wir uns reinigen, Chef. Nehmen Sie die kleine Kelle dort mit dem Bambusstiel in die eine Hand, strecken sie die andere Hand aus, und gießen Sie etwas Wasser darüber, danach machen Sie es umgekehrt, und zum Schluß spülen Sie sich den Mund!" Fisby hockte sich nieder, wie um eine tiefe Kniebeuge zu machen, und tat dann alles genau so, wie Sanini es ihm gesagt, und Lotusblüte und der Dolmetscher folgten seinem Beispiel. "Und nun stellen Sie sich auf den Stein vor der Tür des Cha no yu-Hauses, ziehen kann ihre Sandalen aus und kriechen hinein", wies Sakini ihn weiter an. Und wirklich – im wahrsten Sinne des Wortes – mußte Fisby hineinkriechen, denn die Tür war höchstens einen Meter hoch und sehr schmal. Als er so auf Händen und Füßen schließlich in das Haus hineingelangt war, befand er sich in einem Raum von etwa drei Quadratmetern, der mit blaßgrünen Matten ausgelegt und sonst fast kahl war. An der Seite stand ein kleiner Ofen, und im Hintergrund war eine Nische eingebaut.

Als Fisby sich wieder aufgerichtet hatte, stand Fräulein Higa-Jiga wartend neben ihm. "Chef", sagte Sakini, sich ebenfalls erhebend, "Fräulein Higa-Jiga bittet Sie, zu entschuldigen, daß sie nur einen Kimono aus Bananenfasertuch trägt. Leider hat sie keinen seidenen wie Lotusblüte, und..."

Bevor Sakini fortfahren konnte, legte Lotusblüte eine Hand auf seinen Arm und gebot ihm, zu schweigen. Dann flüsterte sie erregt mit Fräulein Higa-Jiga, die daraufhin eine beleidigte Miene aufsetzte.

"Hat sie denn etwas falsch gemacht, Sakini?" fragte Fisby.

"Ja, Chef. Lotusblüte will nicht, daß sie hier so etwas sagt. Alle weltlichen Dinge sollen in diesem Raum vergessen sein. Aber Fräulein Higa-Jiga hielt die Gelegenheit für günstig, Sie daran zu erinnern, da Sie die seidenen Kimonos für sie und die Frauenliga noch nicht besorgt haben. Sie sehen ja selber, wie nötig sie sie brauchen."

Fisby hörte das nicht gern. Und Lotusblüte, die seine innere Ruhe durch diese Worte gestört fühlte, ließ deshalb rasch durch Sakini sagen, daß man jetzt mit der Zeremonie fortfahren und in der Nische niederknien wolle, um das dort aufgehängte Rollenbild andächtig zu betrachten.

Dieses Rollenbild bestand aus einem Stück des weisses Stoffes, der schon zu so vielem hatte herhalten müssen und auf dem chinesische Schriftzeichen, die sogenannten Kanji, mit schwarzen Tusche gemalt waren. "Das ist, wie Lotusblüte sagt, ein Wort aus der klassischen Literatur“, erklärte Sakini. ”Aber ich kann diese Zeichen nicht entziffern. Ich kann nur die Katakana- und die Hiragana-Silbenschrift.

Fisby war es schleierhaft, wie er etwas andächtig betrachten sollte, dessen Sinn er nicht verstand, und außerdem fand er, daß eine so bedeutsame Inschrift zumindest auf eine Rolle aus edler Brokatseide und nicht auf diesen gewöhnlichen Stoff gehörte. ”Chef“, fuhr Sakini leise fort, ”Lotusblüte sagt, Seiko hat

diese Buchstaben gemalt, und Sie möchten sie doch genau betrachten und Ihr Augenmerk besonders auf den lebendigen Schwung und die fließende Bewegtheit der Schriftzeichen richten – darin offenbart sich Seikos freier und weiter Geist deutlich.“

Fisby sah nun plötzlich die Schrift auf der Rolle mit ganz anderen Augen an und mußte zugeben, daß Seiko hier etwas Meisterliches gelungen war. Als nächstes betrachten sie den Weihrauchbehälter, der auf einer kleinen Seidendecke stand und worin zerriebenes Aloeholz aufbewahrt wurde – ein Werk Kieis.

Nachdem damit der erste Teil der Zeremonie vorüber war, ließ man sich auf den Binsenmatten nieder. Fräulein Higa-Jiga nahm als erste das Wort, und Fisby bermerkte, daß auch Lotusblüte über das, was sie sagte, ganz außer sich zu sein schien.

”Was ist denn nun schon wieder, Sakini?“ fragte er beunruhigt.

”Ach Fräulein Higa-Jiga meinte“, antwortete Sakini, ”daß sie nun eigentlich das Kaiseki-Mahl anbieten müsse, aber es ist leider unmöglich, da Sie alle die japanischen Rationen, die wir in den Höhlen gefunden, dem Teehaus überlassen haben. Wenn Sie nun so nett wären und es denen wieder wegnähmen und der Frauenliga übergäben, könnte sie das Kaiseki-Mahl bereiten."

Fisby spürte, wie ihm der Schweiß auf die Stirn trat, aber bevor er etwas erwidern konnte, redete Lotusblüte sichtlich verärgert auf Fräulein Higa-Jiga ein. Sie habe, wie Sakini übersetzte, noch nie gehört, daß eine Gastgeberin ihrem Hauptgast mit derlei Dingen komme, und finde es einfach empörend. Es war eine lange Strafpredigt, die Fräulein Higa-Jiga über sich ergehen lassen mußte. Dann erhob sich Lotusblüte, verneigt sich vor Fisby und ließ sagen, daß sie jetzt alle miteinander wieder in den Garten gehen wollten.

Von neuem nahmen sie draußen auf der Steinbank Platz. Aber Fisby brachte nun nicht mehr die innere Beschaulichkeit auf, zu der er eigentlich verpflichtet war.

Fräulein Higa-Jigas Anspielung auf die japanischen Rationen machte ihm sehr zu schaffen. Es stimmte schon – sie hätten gerechter verteilt werden müssen. Offensichtilich war aber auch Lotusblüte nicht mehr so ganz ihren Meditationen hingegeben. Obwohl sie sich gewiß alle Mühe gab, ihren Ärger zu unterdrücken und sich innerlich zu konzentrieren, verrieten das Funkeln in ihren Augen und das flammende Rot auf ihren Wangen doch, daß es ihr nicht gelang.

Als plötzlich ein Gong erdröhnte, fuhr sie zusammen und verlor endgültig die Fassung. Schon wieder war Fräulein Higa-Jiga die Missetäterin. Statt den Gong so anzuschlagen, daß der Ton sanft über den Garten hin verschwebte und sich mit dem Rauschen der Bäume vermählte, trommelte sie mit einer solchen Wucht, daß es wie ein Trompetenstoß klang, der Schiffe wie von einem fernen Leuchtturm her vor irgendwelchen Felsenklippen hätte warnen können.

Nach diesem betrüblichen Zwischenfall erhoben sie sich alle miteinander, schritten den Steinpfad entlang zurück, reinigten sich von neuem und betraten zum zweiten Male des Cha no yu-Haus, wo sie sich auf den Matten niederließen, und der zweite Teil der Zeremonie begann.

Fräulein Higa-Jiga mußte jetzt Koicha, einen dickflüssigen Tee, bereiten, und die Gäste hatten dabei auf das Summen des kochenden Wassers zu lauschen, das, wie Lotusblüte versicherte, an das Rauschen des Windes in den Wipfeln der Kiefern erinnerte. Nicht nur innerer Frieden sollte hier geschenkt werden, sondern auch eine Ahnung der das All durchstömenden Wahrheit und Weisheit.

Koicha wurde, wie Fisby sah, zubereitet, indem man drei Löffel Teestaub in eine Schale schüttete, eine dritte Kelle kochenden Wassers darübergoß und das Ganze dann so lange rührte, bis es schäumte. Es war eine Kunst, so erschien es Fisby, die erhebliche Übung verlangte. Und wenn Fräulein Higa-Jiga auch gewiß keine Künstlerin war, vermochte sie doch

den Teebesen aus Bambus so geschwind und behende in der Schale kreisen zu lassen, daß sich im Nu eine dicke Schicht von Schaum bildete.
Als sie Fisby dann das fertige Getränk reichte, flüsterte Sakini ihm zu: "Sie müssen die Schale in die linke Hand nehmen und sie mit der rechten festhalten. Sie könnte sonst entzwei gehen und das wäre schade, weil manche von ihnen schon drei- bis vierhundert Jahre alt sind."
Fisby nickte und blickte interessiert auf den Tee, der wie eine schaumige dicke Suppe aus geschälten Erbsen aussah.
"Und jetzt", fuhr Sakini fort, "nehmen Sie einen Schluck, und danach ist es Sitte bei uns, der Gastgeberin zu sagen, daß der Tee vorzüglich und auch schön dickflüssig sei."
Fisby tat, wie ihm geheißen: "Hm, der Tee ist wirklich vorzüglich."
Fräulein Higa-Jiga wurde vor Freude über dieses Kompliment dunkelrot.
"Sie trinken nur noch ein paar Schluck, Chef", unterwies ihn Sakini weiter, "und dann geben Sie mir die Schale. Ich tue auch das Gleiche und reiche sie Lotusblüte danach." Die Schale machte so die Runde, und nun wurde Fisby belehrt, daß es das Vorrecht des Hauptgastes sei, sie genau von allein Seiten zu betrachten. Er tat das deshalb auch, wobei er aber, sich daran erinnernd, daß – wie er es vorhin vernommen – manche dieser Schalen viele hundert Jahre alt seien, sie mit äußerster Behutsamkeit hin- und her-

drehte. Diese jedoch, glaubte er zu erkennen, war noch ganz neu. Er wandte sich darum schüchtern an Sakini, ob er wohl eine Frage stellen dürfe. "Aber natürlich", antwortete Sakini, "man erwartete das sogar von ihnen."
"Gut also dann", räusperte sich Fisby, "wie alt ist diese Schale?"
Aber da Fräulein Higa-Jiga nichts darauf zu antworten wußte, sprang Lotusblüte für sie ein. "Kiei hat sie eben erst gemacht", übersetzte Sakini. "Darum hat sie noch keine Geschichte, aber sie wird sie auch einmal haben. In vierhundert, fünfhundert oder sechshundert Jahren vielleicht wird jemand von Fräulein Higa-Jigas Nachkommen genau solch eine Teezeremonie wie diese heute veranstalten. Und der Hauptgast wird dann wohl auch nach der Schale fragen wie Sie eben. Und dann wird die Gastgeberin ihm alles erzählen, was vom Großvater dem Sohn und vom Sohn zum Enkel und so fort, überliefert ist. Dann wird sie von den Männern berichten, die in gepanzerten Schiffen aus Amerika kamen und unsere Küste eroberten. Sie wird dabei auch Sie nicht vergessen, der in unser Dorf kam und uns den schönen weißen Stoff schenkte. Sie wird erzählen, daß Sie uns ein Teehaus gebaut haben, obwohl wir noch nie eins im Dorf gehabt, und viele Cha no yu-Häuser dazu. Und alles, was Sie sonst noch für uns getan haben wird sie der Reihe nach aufzählen und nicht zuletzt erwähnen, daß sie der erste gewesen, der aus dieser Schale getrunken hat.

"Nein, so etwas!" meinte Fisby sehr bewegt, und starrte wie gebannt auf die Schale.

"Ja, Chef, so wird das sein", wiederholte Sakini. "Aber darf ich sie auch einmal betrachten?"

Fisby reichte sie ihm, sah dann aber zu seinem Verdruß, daß er gar nicht sonderlich pfleglich mit ihr umging. "Ich bitte dich, Sakini", rief er leicht gereizt, "laß sie nur nicht fallen!" Bei Gott – diese Schale sollte mindestens sechshundert Jahre überdauern! War es nicht ein berauschender Gedanke, daß er, Captain Jeff Fisby aus Napoleon in Ohio, wenn schon nicht anderswo, so doch wenigstens in diesem weltverlorenen Winkel in die Geschichte eingehen würde?

Aber gerade in diesem feierlichen Augenblick ertönte draußen ein Grunzen, und Fräulein Higa-Jiga stürmte daraufhin sofort zur Tür, kehrte jedoch gleich wieder glücklich lächelnd zurück. "Was ist denn los, Sakini?" fragte Fisby.

"Ach, Hiyoshi ist nur gekommen, um zu sehen, was wir hier machen."

Und tatsächlich, da schob sich auch schon Hiyoshis Schnauze durch die Türe, und Fräulein Higa-Jiga ergriff das Tier bei den Ohren und zerrte es herein. Lotusblüte sprang erregt auf. Und obwohl Fisby nicht verstand, was sie sagte, erriet er's doch an dem Ton ihrer Stimme. "Bringen Sie das Schwein sofort wieder hinaus!" schrie sie völlig aufgelöst.

Aber auf Fräulein Higa-Jiga schien das wenig Eindruck zu machen. Mit unschuldsvoller Miene erklärte sie, daß Hiyoshi auch gern Tee trinke und daß sie ihm etwas davon in eine Schale gießen wolle. Das Tier würde dann auch ganz still und manierlich in einer Ecke liegen und niemanden mehr stören…

Lotusblüte war kreideweiß geworden. Sie stampfte mit dem Fuß auf und erhob drohend einen Finger, so daß Fräulein Higa-Jiga nun doch Angst bekam und schleunigst das freilich heftig sich wehrende Schwein wieder hinaustrieb. Nach diesem neuen peinlichen Zwischenfall bat Lotusblüte, die Zeremonie beenden zu dürfen.

Man erhob sich, verneigte sich voreinander und verabschiedete sich von Fräulein Higa-Jiga, die danach sofort ihrem Hiyoshi nachjagde, das bereits von neuem den Kartoffelfeldern entgegenstrebte, um sich bestimmt wieder eine Kolik zuholen.

Fisby empfand Mitleid mit Lotusblüte, der nur allzu deutlich anzumerken war, wie sehr sie sich schämte. Und im selben Augenblick sagte auch Sakini schon: ”Chef, sie möchte Sie um Verzeihung bitten. Sie sagt, es ist ihre Schuld, weil sie Fräulein Higa-Jiga nicht gründlich genug unterrichtet hat. Und sie bedauert tief, daß sie sich so hat gehen lassen, und…“

Fisby winkte hastig ab: ”Aber ich verstehe das durchaus. Sie braucht sich wirklich nicht zu entschuldigen.“

Lotusblüte warf ihm, wiewohl sie noch immer tief beschämt schien, einen dankbaren Blick zu und ließ ihm dann sagen, es sei zwar schon etwas zu spät für das Kobiru und Frau Kamakura habe heute vormittag ja frei, aber wenn es ihm recht sie, würde sie ihm gern im Teehaus gebackenen Reiskuchen und Tee zubereiten.

Fisby, der fühlte, daß sie damit diese mißglückte Teezeremonie vergessen machen wollte, antwortete freundlich: "Das wäre reizend. Und ich komme sehr gern mit."

Als sie dann in der Küche des Cha ya zusammen saßen und Lotusblüte Reiskuchen buk, blickte sie plötzlich auf und rief Sakini zu sich heran. Und nachdem sie sich eine Weile besprochen, sagte er: "Chef, Lotusblüte bittet, Sie möchten ganz unbesorgt sein. Sie wird Fräulein Higa-Jiga und alle Mitglieder der Frauenliga so lange unterrichten, daß, wenn Sie wieder einmal an einer Teezeremonie teilnehmen, kein Schwein sie stören wird. Und wenn sie zehn Jahre dazu braucht, sie wird den Frauen beibringen, was die Zeremonie bedeutet, und sie lehren, sich in die Schönheit der Bäume, des Gartens und der Natur zu versenken."

"Das ist aber nett", ließ Fisby lächelnd antworten.

Im stillen jedoch bedachte er, daß Lotusblüte sich da eine schwere Aufgabe gestellt hatte. Frauen von Fräulein Higa-Jigas Art waren viel zu materiell gesonnen, als daß sie sich für solchen Schönheitskult begeistern könnten. Ihnen waren Hiyoshi und seinesgleichen wichtiger, da sie zumindest einen reichlichen Fleischvorrat für den Winter verbürgten.

In den folgenden Tagen erkundigte sich Fisby immer wieder bei Lotusblüte nach den Fortschritten der Damen, ja er bot sogar seine Mitwirkung als Gast bei den Übungen an. Aber wenn die Damen schon ein gutes Stück vorwärtsgekommen waren, hielt Lotusblüte sie doch noch nicht für reif genug, um gleichsam in der Öffentlichkeit aufzutreten.

Und so kam es, daß Fisby sozusagen "Privatschüler" Goldblumes und Lotusblütes wurde. Die beiden Geishas hatten sich ihr eigenes Cha no yu-Haus in einer dafür besonders abgetrennten Ecke des Teehausgartens errichten lassen, und dorthin begab er sich nun an jeden Nachmittag um fünf Uhr, angetan mit seinem Bademantel. Geduldig führten ihn die Mädchen in das Ritual der Teezeremonie ein, und er erwies sich dabei als so gelehrig, daß er schon bald alle Formen spielend beherrschte und sich ohne irgendwelche Ablenkung der friedvollen Ruhe und der Harmonie dieser Feierstunde hingeben konnte. Obwohl er wahrscheinlich ihre tiefere Bedeutung nicht verstand, tat es ihm doch wohl, nach einem arbeitsreichen Tage still so im Garten zu sitzen, zu entspannen und alle Probleme und Sorgen der Welt vergessen zu können.

Aber noch mehr als er entwickelte sich Dr. Mc Lean zu einem echten Chajin, das heißt: Teetrinker. Nicht nur, weil nach seiner Meinung dies das beste Mittel sei, sich vor Krankheiten zu bewahren, sondern auch, weil man sich dabei in das Wachsen und Werden der Natur versenkte und die viele Mühe, die die Anlage und die Pflege eines Gartens bereitete, besser zu würdigen lernte. Außerdem hatte der Doktor eine besondere Vorliebe für Keramiken. Er beugte sich über eine kleine Tasse und bewunderte, sehr zur Freude seiner Gastgeberin, die Kunst und die Geschicklichkeit, die daraus sprachen. Doch nicht genug damit – er wollte auch noch bis in alle Einzelheiten die Geschichte einer solchen Tasse hören.

Selbst Sakini hatte nach und nach Geschmack an der Teezeremonie gefunden, obwohl sein Hauptaugenmerk dem Kaiseki-Mahl galt, das von der Küche des Teehauses geschickt wurde.

Und wenn so die drei auch aus ganz verschiedenen Gründen kamen – Goldblume und Lotusblüte jedenfalls waren glücklich sie an jedem Nachmittag, pünktlich um fünf Uhr, bei sich zu sehen.

Mircea Dinescu

Der rumänische Dichter zeigt mit den zwei Gedichten »der tee« und »five o'clock« aus dem schön betitelten Büchlein "unter der billig gemieteten sonne", daß in seiner Teedose wohl eine spezielle Muse wohnen muß

der tee

jemand findet sich immer
der sich um mich kümmert
(nur in totenkleidern
könnte ich abhaun)
doch es kommt der tag
wenn die kirchen ihre türme ziehn
und mir einen guten abend wünschen
wenn man meine trompete begräbt
und ich verzweifelt meine liebe in die steine blase…

p. s. da uns nichts übrigblieb
als den wind unsre gedichte forttragen zu lassen
trank ich tee mit meinem freund am rand der literatur
wir ernannten uns zu redakteuren des frühlingsmonsuns
bis das "wohlwollen" uns in die kornfelder trieb
zur mahd
mit den schreibmaschinen
so bezahlten wir den tee – den tee oder das leben.

five o'clock

als euren tee mit meiner kunst zu süßen
(in nassen windeln liegt mein herz),
will ich mich lieber mit dem mond erschießen
und trunken schlafen wolkenwärts.

dann könnt ich ganz und anonym verschwinden,
ich wär ein maulwurf und ein albatros,
die zehnstöckige frau könnt ich erfinden
mit honigtöpfen im erdgeschoß.

ich könnte meine liebste liebste küssen
und auf urlaub schicken nach afrika,
ich könnt den nordpol ans stromnetz anschließen,
der krebs würd eingehn an der cholera.

ich jag die stadt, ach, lachend auf die felder
mit einer pferdebahn von anno schnee,
ich werde lachend mitgehn in die wälder,
doch nie geb ich euch reine kunst zum tee.

Marcel Proust

»Auf der Suche nach der verlorenen Zeit« spielt ein Madeleine eine große Rolle. Zu ihrem Verzehr allerdings wird Oscar Wildes Entscheidung über Butterbrötchen oder Gebäck als adäquate Begleiter einer Tasse Tee gründlich revidiert

Viele Jahre lang hatte von Combray außer dem, was der Schauplatz und das Drama meines Zubettgehens war, nichts für mich existiert, als meine Mutter an einem Wintertage, an dem ich durchfroren nach Hause kam, mir vorschlug, ich solle entgegen meiner Gewohnheit eine Tasse Tee zu mir nehmen. Ich lehnte erst ab, begann mich dann aber, ich weiß nicht warum, eines anderen. Sie ließ darauf eines jener dicken ovalen Sandtörtchen holen, die man ”Madeleine“ nennt und die aussehen, als habe man als Form dafür die gefächerte Schale einer St.-Jakobs-Muschel benutzt. Gleich darauf führte ich, bedrückt durch den trüben Tag und die Aussicht auf den traurigen folgenden, einen Löffel Tee mit dem aufgeweichten kleinen Stück Madeleine darin an die Lippen. In der Sekunde nun, als dieser mit dem Kuchengeschmack gemischter Schluck Tee meinen Gaumen berührte, zuckte ich zusammen und war wie gebannt durch etwas Ungewöhnliches, das sich in mir vollzog. Ein unerhörtes Glücksgefühl, das ganz für sich allein bestand und dessen Grund mir unbekannt blieb, hatte mich durchströmt. Mit einem Schlage waren mir die Wechselfälle des Lebens gleichgültig, seine Katastrophen zu harmlosen Mißgeschicken, seine Kürze zu einem bloßen Trug unserer Sinne geworden; es vollzog sich damit in mir, was sonst die Liebe vermag, gleichzeitig aber fühlte ich mich von einer köstlichen Substanz erfüllt: oder diese Substanz war vielmehr nicht in mir, sondern ich war sie selbst. Ich hatte aufgehört, mich mittelmäßig, zufallsbedingt, sterblich zu fühlen. Woher strömte diese mächtige Freude zu mir? Ich fühlte, daß sie mit dem Geschmack des Tees und des Kuchens in Verbindung stand, aber darüber hinausging und von ganz anderer Wesensart war. Woher kam sie? Was bedeutete sie? Wo konnte ich sie fassen? Ich trinke einen zweiten Schluck und finde nichts anderes darin als im ersten, dann einen dritten, der mir sogar etwas weniger davon schenkt als der vorige. Ich muß aufhören, denn die geheime Kraft des Trankes scheint nachzulassen. Es ist ganz offenbar, daß die Wahrheit, die ich suche, nicht in ihm ist, sondern in mir. Er hat sie dort geweckt, aber er kennt sie nicht und kann nur auf unbestimmte Zeit und mit schon schwindender Stärke seine Aussage wiederholen, die ich gleichwohl nicht zu deuten weiß und die ich wenigstens wieder von neuem aus ihm herausfragen und unverfälscht zu meiner Verfügung haben möchte, um entscheidende Erleuchtung daraus zu schöpfen. Ich setze die Tasse nieder und wende mich meinem Geiste zu. Er muß die Wahrheit finden. Doch wie? Eine schwere Unge-

wißheit tritt ein, so oft der Geist sich überfordert fühlt, wenn er, der Forscher, zugleich die dunkle Landschaft ist, in der er suchen soll und wo das ganze Gepäck, das er mitschleppt, keinen Wert für ihn hat. Suchen? Nicht nur das: Schaffen. Er steht vor einem Etwas, das noch nicht ist, und das doch nur er in seiner Wirklichkeit erfassen und dann in sein eigenes Licht rücken kann.
Wieder frage ich mich, was das für ein unbekannter

Zustand sein mag, der keinen logischen Beweis, wohl aber den Augenschein eines Glückes mit sich führte, einer Wirklichkeit, der gegenüber alle anderen verblassen. Ich will versuchen, ihn von neuem herbeizuführen. Ich durchlaufe rückwärts im Geiste den Weg bis zu dem Moment, wo ich den ersten Löffel voll Tee an den Mund geführt habe. Ich finde den gleichen Zustand wieder, doch von keinem neuen Licht erhellt. Ich verlange von meinem Geist das Bemühen, die fliehende Empfindung noch einmal wieder heraufzubeschwören. Und damit sein Schwung sich an keinem Hindernis brechen kann, räume ich alles hinweg, jeden fremden Gedanken, ich schirme mein Gehör und meine Aufmerksamkeit gegen alle Geräusche des Nebenzimmers ab. Dann aber, da ich fühle, wie mein Geist sich erfolglos abmattet, zwinge ich ihn umgekehrt zu jener Zerstreuung, die ich ihm vorenthalten wollte, lasse ihn an anders denken und sich gleichsam erholen, bevor er noch einmal den Anlauf unternimmt. Dann schaffe ich ein zweites Mal völlige Leere um ihn, ich stelle ihm den noch

ganz frischen Geschmack jenes ersten Schlucks gegenüber und spüre, wie etwas in mir sich zitternd regt und verschiebt, wie es sich zu erheben versucht, wie es in großer Tiefe den Anker gelichtet hat; ich weiß nicht, was es ist, doch langsam steigt es in mir empor; ich spüre dabei den Widerstand und höre das Rauschen und Raunen der durchmessenen Räume.
Sicherlich muß das, was so in meinem Innern in Bewegung geraten ist, das Bild, die visuelle Erinnerung sein, die zu diesem Geschmack gehört und die nun versucht, mit jenem bis zu mir zu gelangen. Aber sie bemüht sich in zu großer Ferne und nur allzu schwach erkennbar ab; kaum nehme ich einen gestaltlosen Lichtschein wahr, in dem sich der ungreifbare Wirbel der Farben vermischt und verliert, aber ich kann die Form nicht unterscheiden, nicht von ihr als dem einzig möglichen Dragoman erbitten, daß sie mir die Aussage ihres Begleiters, ihres unzertrennlichen Gefährten, des Geschmacks übersetzt, sie nicht fragen, um welche Begebenheit, um welche Epoche der Vergangenheit es sich handeln mag.
Wird sie bis an die Oberfläche meines Bewußtseins gelangen, diese Erinnerung, jener Augenblick von einst, der, angezogen durch einen ihm gleichen Augenblick, von so weit her gekommen ist, um alles in mir zu wecken, in Bewegung zu bringen und wieder heraufzuführen? Ich weiß es nicht. Jetzt fühle ich nichts mehr, er ist zum Stillstand gekommen, vielleicht in die Tiefe geglitten; wer weiß, ob er jemals wieder aus seinem Dunkel emporsteigen wird?

Zehnmal muß ich es wieder versuchen, mich zu ihm hinunterzubeugen. Und jedesmal rät mir die Trägheit, die uns von jeder schwierigen Aufgabe, von jeder bedeutenden Leistung fernhalten will, das Ganze auf sich beruhen zu lassen, meinen Tee zu trinken im ausschließlichen Gedanken an meine Kümmernisse von heute und meine Wünsche von morgen, die ich unaufhörlich und mühelos in mir bewegen kann.

256 Und dann mit einem Male war die Erinnerung da. Der Geschmack war der jener Madeleine, die mir am Sonntagmorgen in Combray (weil ich an diesem Tage vor dem Hochamt nicht aus dem Hause ging) sobald ich ihr in ihrem Zimmer guten Morgen sagte, meine Tante Léonie anbot, nachdem sie sie in ihren schwarzen oder Lindenblütentee getaucht hatte. Der Anblick jener Madeleine hatte mir nichts gesagt, bevor ich davon gekostet hatte; vielleicht kam das daher, daß ich dies Gebäck, ohne davon gekostet zu haben, oft auf dem Tisch der Bäcker gesehen hatte und daß dadurch sein Bild sich von jenen Tagen in Combray losgelöst und mit anderen, späteren verbunden hatte; vielleicht auch daher, daß von jenen so lange aus dem Gedächtnis entschwundenen Erinnerungen nichts mehr da war, alles sich in nichts aufgelöst hatte: die Formen – darunter auch die dieser kleinen Muschel aus Kuchenteig, die so behäbig und sinnenfroh wirkt unter ihrem strengen, frommen Faltenkleid – waren versunken oder sie hatten, in tiefen Schlummer versenkt, jenen Auftrieb verloren, durch den sie ins Bewußtsein hätten emporsteigen können. Aber wenn von einer früheren Vergangenheit nichts existiert nach dem Ableben der Personen, dem Untergang der Dinge, so werden alleine, zerbrechlicher aber lebendiger, immateriell und doch haltbar, beständig und treu Geruch und Geschmack noch lange wie irrende Seelen ihr Leben weiterführen, sich erinnern, warten, hoffen, auf den Trümmern alles übrigen und in einem beinahe unwirklich winzigen Tröpfchen das unermäßliche Gebäude der Erinnerung unfehlbar in sich tragen.

Sobald ich den Geschmack jener Madeleine wiedererkannt hatte, die meine Tante mir, in Lindenblütentee eingetaucht, zu verabfolgen pflegte (obgleich ich noch immer nicht wußte und auch erst späterhin würde ergründen können, weshalb die Erinnerung mich so glücklich machte) trat das graue Haus mit seiner Straßenfront, an der ihr Zimmer sich befand, wie ein Stück Theaterdekoration zu dem kleinen Pavillon an der Gartenseite hinzu, der für meine Eltern nach hintenheraus angebaut worden war (also zu jenem verstümmelten Teilbild, das ich bislang allein vor mir gesehen hatte) und mit dem Hause die Stadt, der Platz, auf den man mich vor dem Mittagessen schickte, die Straßen, die ich von morgens bis abends und bei jeder Witterung durchmaß, die Wege, die wir gingen, wenn schönes Wetter war. Und wie in den Spielen, bei denen die Japaner in eine mit Wasser gefüllte Porzellanschale kleine, zunächst ganz unscheinbare Papierstückchen werfen, die, sobald sie sich vollgesogen haben, auseinander gehen, sich winden, Farbe annehmen, und deutliche Einzelheiten aufweisen, zu Blumen, Häuser, zusammenhängenden und erkennbaren Figuren werden, ebenso stiegen jetzt alle Blumen unseres Gartens und die aus dem Park von Monsieur Swann, die Seerosen auf der Vivonne, die Leutchen aus dem Dorfe und ihre kleinen Häuser und die Kirche und ganz Combray und seine Umgebung, alles deutlich und greifbar, die Stadt und die Gärten auf aus meiner Tasse Tee.

(*deutsch von Eva Rechel-Mertens*)

Fjodor M. Dostojewskij

In »Der ewige Gatte« erfahren wir von der wunderbaren Heilkraft einer Tasse kräftigenden Tees – "aber nicht einfach heiß" soll er sein, sondern "kochend"!

Das Gewitter hatte sich beruhigt. Das Zimmer war verraucht und die Flasche leer. Pawel Pawlowitsch schlief auf dem anderen Diwan. In Kleidern und die Schuhe an den Füßen, lag er mit dem Gesicht nach unten, den Kopf in ein Kissen vergraben. Das Lorgnon, das ihm aus der Tasche gerutscht war, hing an seinem Band fast bis auf den Boden hinunter. Der Hut lag daneben. Weltschaninoff schaute seinen Gast finster an, weckte ihn aber nicht. Zusammengekrümmt und stöhnend ging er im Zimmer auf und ab, denn zum Niederlegen hatte er keine Kraft mehr. Er fürchtete seine Schmerzen in der Brust, und nicht ohne Grund. Diese Anfälle hatte bei ihm schon vor langer Zeit angefangen, suchten ihn aber selten heim, nur in Abständen von ein oder zwei Jahren. Er wußte, daß sie von der Leber kamen. Zuerst trat an irgendeiner Stelle der Brust unter der Herzgrube, oder etwas höher, ein dumpfer, nicht sehr starker, aber entnervender Druck auf. Im Verlauf von etwa zehn Stunden unausgesetzt anwachsend, erreichte der Schmerz eine solche Kraft, der Druck wurde derart unerträglich, daß der Kranke sich dem Tod nahe glaubte. Beim letzten Anfall, den er vor etwa einem Jahr gehabt hatte, war er nach zehnstündigen und schließlich nachlassendem Schmerz so schwach geworden, daß er, im Bett liegend, kaum mehr die Hände hatte bewegen können. Der Arzt verordnete ihm damals, den ganzen Tag über nur einige Löffel schwachen Tees und ein paar in Bouillon aufgeweichte Brotbröckchen zu sich zu nehmen, wie ein

Säugling. Bei den verschiedensten und scheinbar ganz zufälligen Anlässen traten diese Schmerzen in Erscheinung, aber immer war ihnen eine Schwächung des Nervensystems vorangegangen. Auch verschwanden sie auf seltsame Weise: manchmal gelang es, sie ganz im Anfang zu erfassen, in der ersten halben Stunde, und ihnen mit heißen Umschlägen zu begegnen, dann verging alles im Nu; manchmal aber half nichts, wie beim letzten Anfall, als der Schmerz nur nach wiederholtem Einnehmen von Brechmitteln nachgelassen hatte. Der Arzt gestand ihm später, er habe fest an eine Vergiftung geglaubt. Jetzt war es noch lange bis zum Morgen, und er wollte den Arzt so mitten in der Nacht nicht holen lassen. Außerdem liebte er Ärzte nicht. Schließlich konnte er es nicht mehr aushalten und begann laut zu stöhnen, wovon Pawel Pawlowitsch erwachte. Er setzte sich auf und saß eine Weile so, während er voll Schrecken hinhörte und mit den Augen verständnislos Weltschaninoff folgte, der fast im Laufschritt durch beide Zimmer rannte. Die geleerte Flasche hatte offenbar unge-

wöhnlich stark auf ihn gewirkt, und er konnte lange nicht zu sich kommen. Schließlich begriff er und stürzte zu Weltschaninoff hin. Dieser lallte nur etwas als Antwort.
"Das kommt von der Leber, ich kenne das!" Pawel Pawlowitsch wurde plötzlich ungeheuer lebhaft. "Pjotr Kusmitsch – Herr Polossuchin hat es genauso gehabt, von der Leber. Das müßte man mit heißen Umschlägen... Pjotr Kusmitsch hat immer mit heissen Umschlägen... daran kann man ja sterben! Ich laufe zu Mawra hinunter, wie?"
"Nicht nötig, nicht nötig!" winkte Weltschaninoff gereizt ab. "Nichts ist nötig!""
Aber Pawel Pawlowitsch war, weiß Gott weshalb, ganz außer sich, als ginge es um die Rettung seines leiblichen Sohnes. Er hörte gar nicht hin, bestand auf heißen Umschlägen und dazu noch auf zwei bis drei Tassen heißen, schwachen Tees, die schnell getrunken werden mußten – "aber nicht einfach heiß – kochend!"
Er lief zu Marwa hinunter, ohne Weltschaninoffs Einverständnis abzuwarten, machte selbst Feuer in der Küche, die sonst unbenutzt und leer stand, und brachte den Samowar zum Kochen. Dazwischen fand er Zeit, den Kranken ins Bett zu legen, ihm die Kleider auszuziehen, ihn in eine Decke zu wickeln, und noch waren keine zwanzig Minuten vergangen, als er schon den Tee fertig und den ersten Umschlag bereit hatte.
"Da sind heiße Teller, glühend!" rief er fast in Verzückung, während er den erhitzten und in eine Serviette eingewickelten Teller auf Weltschaninoffs

kranke Brust legte. "Andere Umschläge haben wir jetzt nicht, und es dauert zu lange, sie zu beschaffen, und die Teller, ich schwöre es bei meiner Ehre, werden sogar besser sein: an Pjotr Kusmitsch habe ich es erprobt, eigenhändig und mit eigenen Augen. Man kann ja sterben daran! Trinken Sie den Tee, macht nichts, wenn Sie sich verbrühen. Das Leben ist wichtiger als – die Eitelkeit."

Die verschlafene Marwa hatte vollständig die Fassung verloren. Die Teller wurden alle drei Minuten gewechselt. Nach dem dritten Teller und der zweiten Tasse kochendheißen Tees, die er in einem Zuge hinuntergoß, fühlte Weltschaninoff plötzlich eine Erleichterung.

"Nun haben wir den Schmerz ins Wanken gebracht, das ist ein gutes Zeichen, Gott sei's gedankt!" rief Pawel Pawlowitsch und lief freudig davon, um einen neuen Teller und eine weitere Tasse Tee zu holen.

"Wenn es uns nur gelingt, den Schmerz zu brechen! Wenn wir den Schmerz nur zum Umkehren zwingen können!" wiederholte er alle Augenblicke.

Nach einer halben Stunde war der Schmerz ganz schwach, aber der Kranke derart abgequält, daß er trotz aller Bitten Pawel Pawlowitschs sich weigerte, "noch einen Teller" auszuhalten. Die Augen fielen ihm vor Schwäche zu.

"Schlafen, schlafen", wiederholte er mit matter Stimme.

"Auch gut!" erklärte Pawel Pawlowitsch sich einverstanden.

Charles Dickens

Der Roman »Oliver Twist« führt noch einmal das Inventar des Teetrinkens vor Augen, das am Rande einer kleinen koketten Begegnung auftritt – und wie alle unsere Auszüge, so empfiehlt auch dieses Tee-Stückchen die Lektüre des gesamten Originals!

Zu einer harten dicken Kruste gefroren lag der
Schnee. In tausend Wirbeln drehten sich die Flocken und zerstoben in der Luft. Es war trüb, finster und grimmig kalt und so recht eine Nacht für Leute, die ein gutes Dach über den Häuptern haben und eine reichliche Mahlzeit. Da setzten sie sich dann um das helle Kaminfeuer und danken dem lieben Gott, daß er ihnen ein Heim gegeben hat und dem Obdachlosen, Hungrigen eine Nacht, um sich hinzulegen und zu sterben. So sah es draußen aus, als Mrs. Cornay, die Mutter des Arbeitshauses, sich vor ein gemütliches Kaminfeuer in ihrer kleinen Wohnstube niedersetzte und voll innerer Freude auf ein kleines rotes Tischchen blickte, auf dem ein Teebrett von ansehnlicher Größe stand, bedeckt mit all dem Zubehör für wohlbereitete Mahlzeiten, an denen sich Matronen gütlich zu tun lieben.

Mrs. Cornay stand eben im Begriff, sich mit einem Schälchen Tee zu erquicken, und wie sie so das kleine Kesselchen auf dem Feuer ein Liedchen singen hörte, durchdrang sie ein Gefühl so großer

innerer Befriedigung, daß sie holdselig lächeln mußte.
"Ja wahrhaftig", sagte sie, stützte die Ellenbogen auf den Tisch und blickte sinnend ins Feuer, "ja wahrhaftig, wir haben allen Grund dankbar zu sein. Wirklich, alle alle Ursache. Wenn wirs nur anerkennen wollten."
Und bekümmert schüttelte sie den Kopf, als beklage sie die geistige Blindheit aller der Armen aufs bitterste, die diese Erkenntnis nicht hätten. Dann schritt sie zur Bereitung des Tees, indem sie vorerst mit einem silbernen Löffel tief in eine zinnerne Teebüchse fuhr. Wie geringe Dinge doch das Gleichgewicht unsres schwachen Gemütes stören können: der schwarze Teetopf war sehr klein und füllte sich bald. So kam es, daß das Wasser überlief und ein bißchen die Hand der trefflichen Frau verbrannte.
"Himmelkreuzdonnerwetter!" rief sie und setzte die Kanne wieder geschwind auf den Rost zurück. "Das verdammte Ding da! Nicht einmal ein paar Tassen kann man hineinschütten. Wozu das wohl nütze sein soll? So was", sagte sie und seufzte tief auf, "so was kann wieder nur einem armen einsamen Geschöpf wie mir passieren. O Gott, o Gott."
Dann ließ sie sich in den Stuhl zurückfallen und gedachte wiederum, die Ellenbogen auf den Tisch stützend, ihrer Verlassenheit. Der kleine Teekessel und die vereinsamte Tasse hatten in ihr traurige Erinnerungen an Mr. Cornay, der vor ungefähr fünfundzwanzig Jahren das Zeitliche gesegnet hatte, wachgerufen.

"Nie wieder werde ich einen anderen bekommen", sagte sie mißmutig und kummervoll. "Nein, niemals. Gar so einen, wie der erste war."
Ob sich ihre Bemerkung auf den Ehegatten oder auf den Kessel bezog, läßt sich nicht mehr feststellen. Vermutlich dürfte es der letztere gewesen sein, denn Mrs. Cornay blickte ihn bei diesen Worten an und schenkte sich ein. Sie hatte kaum an der ersten Tasse genippt, als sie durch ein leises Klopfen an der Türe aus ihrem Sinnen aufgerüttelt wurde.
"Nur herein da, wer draußen ist", rief sie scharf und spitzig. "Wahrscheinlich liegen wieder ein paar alte Weiber im Sterben. Das g'schieht doch immer, wenn ich grad den Tee trink. So bleiben S'doch nicht stehen zwischen Tür und Angel, wo's so kalt draußen ist. Haben S'denn nicht verstanden? Was ist denn schon wieder los?"
"Nix, Madame, nix", antwortete eine Männerstimme.
"Oh Gott, Sie sinds, Mr. Bumble!" rief Mrs. Cornay, sogleich weit freundlicher als vorher.
"Zu dienen, Madame", antwortete Bumble und blieb noch einen Augenblick draußen stehen, um Schuhe und Hut vom Schnee zu reinigen. Dann trat er ein, wie gewöhlich in der einen Hand seinen Dreispitz und in der andern ein Bündel. "Darf ich die Türe zumachen, Madame?"
Mrs. Cornay zierte sich ein wenig, da es am Ende doch nicht recht schicklich war, mit Mr. Bumble bei geschlossenen Türen zusammen zu sein. Aber der

Kirchspieldiener nahm ihr Zögern als Bejahung, und da es ihm ebenfalls sehr kalt draußen schien, klinkte er zu.

…

Mrs. Cornay murmelte ein paar Schimpfworte vor sich hin, nahm ein dickes Umschlagtuch vom Nagel und ersuchte den Kirchspieldiener freundlichst zu warten, bis sie zurückkommen würde. Dann schritt sie zur Stube hinaus, immerwährend vor sich hin-

schimpfend.

Das Benehmen Mr. Bumbles, als er sich nunmehr allein im Zimmer befand, war recht befremdend. Zuerst öffnete er den Wandschrank, zählte die Teelöffel, wog die Zuckerzange in der Hand, besichtigte einen silbernen Milchtopf bei Licht und klopfte daran, ob er auch echt sei, setzte sich kann seinen Dreispitz schief auf den Kopf, als er sich diesbezüglich Gewißheit verschafft, und tanzte würdevoll ein paarmal um den Tisch herum. Dann nahm er seinen Dreispitz wieder ab, setzte sich mit dem Rücken zum Ofen und konzentrierte seine ganze Aufmerksamkeit auf das Inventar im Zimmer.

Rainer Maria Rilke

Der große Dichter Rilke sieht immer noch eine andere Welt als die unmittelbare, und »Die Erblindende« und ihre nach innen gerichtete Welt erkennt er an der Art, wie sie ihre Teetasse faßt – und wir fliegen mit seinen Zeilen davon und anderen Horizonten zu

Sie saß so wie die anderen beim Tee.
Mir war zuerst, als ob sie ihre Tasse
ein wenig anders als die andern fasse.
Sie lächelte einmal. Es tat fast weh.

Und als man schließlich sich erhob und sprach
und langsam und wie es der Zufall brachte
durch viele Zimmer ging (man sprach und lachte),
da sah ich sie. Sie ging den andern nach,

verhalten, so wie eine, welche gleich
wird singen müssen und vor vielen Leuten;
auf ihren hellen Augen die sich freuten
war Licht von außen wie auf einem Teich.

Sie folgte langsam und sie brauchte lang
als wäre etwas noch nicht überstiegen;
und doch: als ob, nach einem Übergang,
sie nicht mehr gehen würde, sondern fliegen.

Copyrights

Die Quellen dieses Buches

Einige Quellen

und Empfehlungen aus unserem eigenen Programm

Von Thomas Schwab, dem Autor der hiesigen Gedichte "Teebeutel" und "Vom Tee-Ei", liegen zwei Gedicht-Bände sowie verschiedene Übersetzungen von Dichtern vor:

Ablauf der Dinge
113 Ding-Gedichte, 128 Seiten,
Reihe ETIKETT, DM 26

Der Leser auf Reisen
Ding-Gedichte rund um das gut gemachte Buch
32 Seiten, 16er-Reihe, DM 14

Victor Hugo
Übersetzt aus dem Französischen von Thomas Schwab
Promontorium Somnii / Vorgebirge des Traums
48 Seiten, 16er-Reihe, DM 14

Malcolm de Chazal
Gesichter in Zeitlupe
Ebenfalls aus dem Französischen übersetzt von Thomas Schwab
32 Seiten, 16er-Reihe, DM 14

César Vallejo

Pariser Gedichte

Von Thomas Schwab aus dem Spanischen übersetzt und mit einem Nachwort versehen von Prof. Karsten Garscha

32 Seiten, 16er-Reihe, DM 14

Von Thorsten Casmir, der uns hier die einleitende Überfahrt mit Tee und Rum erzählt, erschien kurz vor seinem frühen Tod im Jahr 1996 der große Roman von der düsteren Insel

OHNSGROND

448 Seiten, in Leinen gebunden und mit Lesebändchen versehen, DM 55

Über diese beiden und viele weitere Autoren und ihre Bücher des Verlages informiert Sie gerne Ihre Buchhandlung oder der

axel dielmann — verlag

Kommanditgesellschaft in Frankfurt am Main

Oskar von Miller Straße 18

60314 Frankfurt am Main

Telefon 069 / 9435 – 9000 Fax – 9002

E-Mail dielmann_verlag@yahoo.de

Reihe **ETIKETT**